심리학은
마음이 시키는 대로
살라고 한다

심리학은
마음이 시키는 대로
살라고 한다

이시하라 가즈코 **지음** 이정은 옮김

홍익출판 미디어그룹

차
례
· · ·

외로운 감정으로부터
나를 구하는 방법

매일같이 바쁜 일상에 발목이 잡힌 채로 살다 보면 눈앞의 삶을 깊이 있게 생각해보거나 지금까지 살아온 나날들을 추억하며 새로운 삶을 계획하는 시간을 갖지 못합니다.

그렇게 의미를 잃어버린 나날을 보내다 어느 날 문득 자신을 돌아보면, 마음속에 찬바람이 스며들듯이 '외롭다'는 감정이 퍼지면서 울컥하는 감정에 사로잡히게 됩니다.

당신은 언제 외로움을 느낍니까? 혼자가 되어 쓸쓸해진 마음이나 느낌을 일컫는 '외로운 감정'에 대해 미국의 신학자 폴 틸리히(Paul Tillich)는 이렇게 말합니다.

"외로움이란 혼자 있는 고통을 표현하는 말이고, 고독이란 혼자 있는 즐거움을 표현하는 말이다."

누구나 살면서 외로움에 빠질 때가 있습니다. 당신은 이 넓은 세상에 혼자 낙오되었다는 고통 때문에 가슴앓이를 하며 눈물지은 적이 있습니까? 말하자면 다음과 같은 감정입니다.

- 가족과 함께 살고 있지만 각자의 삶을 사느라 바쁘다 보니 서로에게 외롭다는 감정을 토로하지 못하고 혼자만 고립되어 지낸다.
- 아무리 가족이나 친지에게 호소해도 누구 하나 내 기분을 받아주지 않고, 이해해주지도 않는다.
- 마음이 통하는 사람과 오랫동안 대화를 나누고 싶어도 그럴 때마다 이야기가 어긋나서 오히려 바닥 끝까지 공허해지고 만다.
- 친구라고 부를 만한 사람이 없다. 마음을 털어놓을 만한 사람을 원하지만 만나기가 어렵다.
- 나를 알아주는 사람이 별로 없다. 어디에서 누구와 함께 있든 혼자라는 생각에 가슴에 구멍이 뻥 뚫린 듯하다.
- 살아갈 의미가 없다고 할 정도로 메마른 삶이 이어지고 있다. 어떻게 하면 텅 빈 마음을 채울 수 있을지 모르겠다.

살면서 이런 감정에 자주 빠지면서도 바쁜 일상에 쫓겨 지내다 보니 켜켜이 쌓이는 외로움을 그냥 방치한 채 살고 있지는 않나요? 그러면서도 매일같이 당장 해야 할 일이 있으니 오히려 외로운 기분에서 벗어날 수 있어 다행이라며 억지로 위안하지는 않습니까?

확실히 일에 떠밀려 살다 보면 외로운 감정을 잊고서 그럭저럭 살아갈 수 있을지 모릅니다. 아무리 심한 외로움일지라도 현재의 삶을 직접적으로 무너뜨리지만 않는다면 대수롭지 않게 여기며 지내게 됩니다.

하지만 그런 식으로 외면한다 해서 외로운 감정이 사라져 버릴 리 없습니다. 악성 바이러스 같은 감정을 그냥 방치하면 마음속에 자기 삶을 혐오하는 독버섯이 번지고, 사람이 당연히 가져야 할 긍정의 마음이 자리할 여지가 없습니다.

심리상담을 진행하다 보면, 살면서 지금까지 한 번도 외롭다고 느낀 적이 없다고 당당하게 말하는 사람들이 꽤 많습니다. 그런데 그런 말을 할 때의 표정을 보면 해결하지 못한 숙제에 짓눌린 듯 어둡기만 합니다.

해결책을 구하기 위해 심리학자와 상담을 하면서도 애초

부터 포기한 듯한 표정으로 이렇게 말하는 사람도 있습니다.

"어차피 인생이란 게 다 그런 거 아닙니까? 인간관계라는 게 원래 피곤한 일 아닌가요?"

"인생은 원래 혼자 왔다 혼자 가는 거니까, 억지로 참고 사는 거죠."

이런 말을 하면서 자신은 오래전에 외로운 감정에서 도망치는 걸 포기했다고 말하는 사람들은 미래의 행복을 찾아 달려가려는 마음을 아예 봉인해버린 것이나 다름없습니다.

문제는, 그렇게 하면 마음의 명령에 따라 말하고 움직이는 일, 자기 자신을 진정한 마음으로 위로하는 일, 자기 삶을 누구보다 사랑하는 일로부터 점점 멀어질 뿐이라는 사실입니다.

뼛속 깊이 파고드는 외로움으로부터 자신을 구출하기 위해서는 마음이 무슨 말을 하는지 귀담아들으면서 자기 자신을 더 사랑하려고 노력할 필요가 있습니다.

타인의 말이나 표정에 휘둘리지 말아야 합니다. 하루에도 열두 번씩 오르락내리락 하는 기분에 일희일비할 필요도 없습니다. 나는 이런 삶의 태도를 '착한 이기주의'로 규정합니다.

이 책은 작은 행동 하나, 사소한 말 한 마디라도 철저히 자기 자신을 중심에 놓고 살아가는 '착한 이기주의자의 길'을 통해 외로운 감정에서 해방되는 방법을 안내합니다.

이기주의란 다른 사람이나 사회적으로 규정된 관행을 우선적으로 배려하기보다 자신의 이익이나 행복을 먼저 챙기는 사고방식으로, 우리는 어려서부터 이기주의는 나쁜 것이라는 고정관념에 사로잡혀 살아왔습니다.

이 책에서는 자기 삶을 온전히 자기 것으로 만들기 위해, 자기중심으로 살아가는 선량한 이기주의에 대해 말하려고 합니다. 자기 없는 이타주의는 공허한 얘기에 지나지 않습니다. 자기의 것을 올바로 챙기고 난 뒤에야 비로소 타인을 생각할 수 있기 때문입니다. 이제 책을 시작하겠습니다.

1

내 삶이 이렇게 외로운 이유는

왜 이제야 그것을
알게 되었을까?

• • •

A와 B는 어려서부터 서로 '베프'라고 부르며 언제 어디서든 함께 하는 친구 사이였다. 그러던 두 사람이 이제 성장하여 대학을 졸업한 뒤에 A는 대기업에, B는 중소기업에 취업하게 되었다.

두 사람은 신입사원 생활에 바쁘면서도 시간이 날 때마다 계속 붙어 다녔다. 술잔을 기울이며 샐러리맨의 고달픈 일상을 나누면서 희망과 울분을 함께 토로하기도 하고, 클럽에 가서 밤새 춤을 추며 놀기도 했다.

그런데 어느 순간 A가 직장 동료들과의 약속 때문에 B와의 만남을 아무렇지 않게 어기거나 심지어는 미안해하지도 않는 상황에 이르렀다. B는 그런 사실이 화가 나기도 하고, 혼자 남았다는 생각에 외롭다는 감정에 빠지기도 했다.

그렇게 1년이 지났다. B도 회사 업무에 시달리다 보니 A에 대한 생각은 예전보다 많이 얕아졌다. 가끔 전화 연락을 하지만 서

로의 인간관계에서 우선순위에 밀리다 보니 점점 무덤덤한 관계
가 되어 갔다.

A는 회사에서 아주 잘 나가는 것 같았다. 가끔 해외출장을 다녀
왔다며 기념품을 건네기도 하고, 혼자 새로운 프로젝트를 맡아 진
행하게 되었다며 그 때문에 앞으로 무척 바쁠 거라는 말도 했다.

하지만 B는 제자리걸음이었다. 해외출장은커녕 휴일이 되면 방
구석에 처박혀 TV화면만 뚫어져라 바라보았다. 그렇게 정체된 삶
에 허덕이며 근근이 살아가는 B에게 A는 한참 앞서 뛰어가는 토
끼와 같은 존재였다.

그렇게 다시 얼마의 시간이 흘렀다. 어느 날 A가 잠깐 만나자더
니 느닷없는 소식을 전했다.

"나 지난달에 과장으로 승진했어."

"그래? 축하한다!"

"그리고 다음 달에 결혼해."

"어? 어……."

B는 너무도 갑작스런 소식에 할 말을 잊었다. 한꺼번에 두 가지
화끈한 소식을 전달받으면서 너무 놀랐기 때문이다. 그의 입에서

나오는 축하한다는 말에는 부러움이 더 많이 녹아 있음을 스스로도 느낄 정도였다.

결국 이렇게 또 격차가 벌어지는구나. 그날 밤 집으로 돌아가는 B의 가슴에는 들불처럼 패배감이 번졌다. B는 자신의 지리멸렬한 현재 상태가 어디서 어떻게 시작되었는지 곰곰이 생각해보았다.

혼자 술잔을 기울이며 생각을 거듭하던 B는 자신이 지난 세월 내내 A의 그림자 안에 갇혀 있었음을 알게 되었다. A는 어려서부터 쾌활한 성격에다 공부 잘하는 모범생으로 모든 친구들이 좋아하는 아이였다.

반면에 B는 무엇 하나 뛰어난 게 없는 평범한 아이였다. 두 사람이 가까워진 것은 순전히 집이 가깝다는 이유였고, 그래서 어려서부터 자주 어울렸다는 점이 친구로 지내는 배경이었다.

"내가 너무 많이 그에게 의존하고 있었구나."

의존이라는 말도 사치스러울 만큼 너무도 오랜 세월 A의 그림자 안에 갇혀 있었음을 깨달았다. A라는 특별한 아이와 어울리면서 자신도 역시 그런 존재인 듯이 착각하며 살아왔는데. 사회에 나와서 진짜 인생이라는 게임에 들어가니 실력 차이가 두드러지기 시작한 것이다.

왜 이제야 그것을 알게 되었을까? 아무리 절친 관계라도 둘 사이의 힘의 저울추가 한쪽으로 과도하게 몰리면 어느 순간 상대는 지치게 된다. 그건 진정한 친구 사이가 아니다.

A는 어려서는 이런 문제를 별로 의식하지 않았을 테지만, 언젠가부터 B의 사회적 지능이 자기보다 아주 많이 뒤떨어진다고 생각했을 것이다. 아무리 친구 사이라도 사회적 지능에 격차가 벌어지면 인간관계가 끊어지는 결정적인 문제가 된다.

공통의 목표나 관심사 같은 이야깃거리가 바닥이 나면 더 이상 소통의 재미가 사라지기 때문이다. 혼자 새벽녘까지 술잔을 기울이면서, B는 차라리 마음이 홀가분해졌다. 이제 비로소 A의 그림자에서 벗어난 것 같아서였다.

Chapter 1

다른 사람과
함께 지내는 게 힘들다

———

마음속에 쌓인 외로움을
털어낼 수만 있다면

"나이가 들면서 혼자 있는 게 너무 외롭다. 그래서 억지로 다른 사람들과 어울려 보지만 생각보다 귀찮고, 때로는 말도 안 되는 일에 휘말리게 되어 더 힘들다."

이렇게 말하는 사람이 많습니다. 그들은 또 이렇게 말하기도 합니다.

"다른 사람들과 같이 있으면 이런저런 신경을 써야 하니 너무 피곤해요."

"세상엔 자기만 아는 이기주의자들이 너무 많아요."

그런데 이렇게 불평하면서도 혼자 있는 건 또 견디지를 못해서 입만 열면 이렇게 한탄합니다.

"다른 사람들과 함께 있으면 너무 답답한데, 혼자 있으면 너무 외로워서 더 견딜 수가 없어요……."

이렇게 말하는 사람들 중에는 직장에서 동료들과 자주 반목하는 등 날카롭게 지내다가 심신이 말할 수 없이 피폐해져서 귀가하는 경우가 많습니다.

하지만 그래도 문제는 계속됩니다. 적어도 가정이 그에게 안전지대가 되면 좋겠지만, 가족끼리도 남보다 못한 소원한 관계를 이어가기 때문에 집에 와서도 신경이 곤두서기는 마찬가지입니다. 가정이 외로움에 저항할 최후의 보루가 되어야 하는데, 허구한 날 갈등하고 대립한다면 문제가 몹시 심각합니다.

"마음속에 켜켜이 쌓인 외로운 감정을 털어낼 수만 있다면 정말 좋겠는데……."

상담실을 찾는 사람들은 하나같이 이렇게 말하며, 그럴 수만 있다면 어느 정도 갈등을 겪어도 참을 수 있겠다고 합니다.

하지만 외로움을 떨쳐버리기 위해 주위 사람들과 부정적인 관계를 이어갈 수는 없습니다. 그렇게 되면 외로움보다 더 삭막한 감정이 기다렸다는 듯이 찾아올 테니까요.

더구나 그렇게 산다고 해서 결코 외로움이 해소될 리가 없습니다. 잠시 자기 안에 도사리고 있는 외로운 기분을 회피할 수 있을지는 모르지만 그로 인한 피로감이 다른 색깔의 독이 되어 일상을 망가뜨릴 것입니다.

—
마음을 갉아먹는
악성 바이러스

이렇게 상반되는 상황을 벗어나 삶을 풍성하게 만들려면 어떻게 해야 할까요? 가령 다음과 같은 경우가 있을 것입니다.

- 가족끼리 마음이 연결되어 있지 않다는 건 알지만, 껍데기뿐이라도 가족으로 존재할 수 있어 안심이 된다.
- 누군가와 SNS로 연락하다 보면, 혼자 있어도 다른 사람들과 함께 있는 듯한 기분을 느껴 안심이 된다.

○ 혼자 밥을 먹더라도 TV의 볼륨을 최대한 켜놓고 있으면 혼
자가 아니라는 기분을 느낄 수 있다.

○ 먹고 살기 위해 바쁘게 지내다 보면 외로운 감정을 느낄 겨
를이 없으니 그럭저럭 혼자만의 시간도 견딜 수가 있다.

이런 식으로 지내면 일시적으로는 자신을 달랠 수 있을지
모르지만 시간이 흐르다 보면, 어느 순간 외롭다는 감정이
고개를 쳐들고 일어나게 됩니다.

외로움이란 원래 이렇게 불시에 재생되는 바이러스 같은
것입니다. 여태 가만히 있다가 왜 갑자기 외로움이 찾아왔
을까? 이렇게 물을 정도로 외로운 감정은 불시에 습격해 들
어옵니다.

외로움을 해소하는 방법은 다양합니다. 상담실을 찾은 한
여성은 자신의 낭비벽을 고칠 수 없어 고민이라고 했습니
다. 그녀는 매달 벌어들이는 돈의 대부분을 옷이나 장신구
같은 것들을 사들이는 데 쏟아붓는다고 합니다.

신상품의 옷이나 가방이 눈에 들어오면 사지 않고는 못
배긴다고 말하는 그녀의 정신 상태를 들여다보면 화려하고

멋진 물건을 찾아다니는 동안은 외로움을 망각할 수 있다는 심리가 도사리고 있습니다.

"백화점에 들어서는 순간 사람들의 부러운 시선을 받는 듯한 느낌이 좋아요. 새 옷을 입고 거울에 비친 나를 보면서 만족스럽게 웃을 때 정말 좋아요. 그 느낌 때문에 매번 백화점으로 달려간답니다."

그러나 이 여성이 스스로 깨닫지 못하는 것이 있습니다. 그녀는 사실은 다른 사람들과의 접점을 원하고 있는 것입니다. 고객 입장에서 판매직원과 대화를 나누다 보면 우위에 서는 상황이 되니 존중받는 상황이 연출되고, 상처받을 일도 없습니다.

그렇기 때문에 상품을 고를 때의 눈은 매섭도록 까다로워집니다. 서비스가 조금이라도 마음에 들지 않으면 용서되지 않아 가차 없이 비난하고 윽박지릅니다. 이 여성이 혼자 살고 있다면, 가장 자주 하는 말은 이것입니다.

"내가 가장 외롭다고 느낄 때는 집에 돌아와서 문을 열고 불을 켜는 순간인 것 같아요."

상담심리학자들은 누군가 옆에 없으면 불안해서 견딜 수 없다고 토로하는 사람들이 의외로 많다는 사실을 잘 알고 있습니다. 그리고 이런 경향은 앞으로 더욱 늘어갈 것이라는 데 의견을 같이합니다.

이유는 세상이 예전과는 비교도 할 수 없이 혼자 살기 편하도록 구조되어 가기 때문입니다. 전체 인구 중에서 1인 가정의 비율이 날로 증가하고 있기 때문에 그들에게 딱 맞는 생활 시스템이 제공되고 있는 것도 한몫을 합니다.

혼자 살아도 조금도 불편함이 없도록 설계된 생활 패턴들이 제공되는 현실에서, 외로움이라는 감정은 자동적으로 뒤따르는 부가서비스가 되어버린 것입니다.

문제는, 외로운 감정에 현명하게 대처하는 법을 가르쳐주는 사람이 거의 없다는 것입니다. 세상은 말할 수 없이 편리해졌는데 덤으로 찾아온 외로움에 대해서는 해결책을 제공하지 못하는 것입니다.

그러는 사이에 외로움은 세상 전체를 떠들썩하게 만드는 전염병이 되어 폭발적으로 전파되면서 그 어떤 질병보다도 우리 삶을 위협하고 있습니다.

—
누군가 다가오면
도망치고 싶어진다

인간관계는 다른 사람들과 긍정적인 교류를 하면서 서로 친밀하게 어울리는 것이 가장 이상적입니다. 예를 들어 다음과 같은 모습입니다.

- 내가 상처받았을 때, 누군가 곧바로 위로해준다.
- 내가 외로울 때, 누군가 따뜻하게 손을 잡아준다.
- 내가 행복을 느끼게 순간, 그 기쁨을 누군가와 공유한다.
- 나의 외로움을 눈치 채고 누군가 먼저 손을 내밀어준다.
- 혼자 있는 순간에도 주변에 많은 사람이 있음을 느낀다.
- 나를 응원하고 격려하는 사람이 나날이 늘고 있다.

이런 이상적인 관계에서 비롯되는 긍정적인 기분은 삶을 윤택하게 하는 윤활유가 됩니다. 그렇기에 사람들 사이에 존재함으로써 느끼는 안온함이 세상을 살맛나게 한다고 말하는 이들이 많습니다.

하지만 현실적으로는 그렇게 되지 않을 때가 많다는 게

문제입니다. 내가 상처를 받았을 때 누군가 위로해주더라도 손을 내밀어주는 방법이 내가 원하는 대로가 아니면 더 큰 상처를 받을 수 있습니다. 내가 외로울 때 누군가 옆에 있어도 그가 귀찮게 느껴져서 '제발 혼자 있게 내버려뒀으면……' 하는 마음이 생기면 짜증이 날지도 모릅니다.

심지어 누군가 가까이 다가오면, 그 사람 때문에 생길지 모를 불협화음이 두려워 지레 뒷걸음질을 친다는 사람도 있습니다. 이렇게 되면 외로운 감정은 더 심화되고, 세상은 더 이상 아름답게 보이지 않습니다.

그렇다면 질문이 있습니다. 외로운 감정에 지나치게 길들여진 사람은 어떻게 그런 감정의 미로에서 빠져나올 수 있을까요? 누군가는 고독은 질병과 같은 것이라고 했는데, 그것을 치료할 비법은 무엇일까요?

앞으로 이러한 물음의 답을 찾는 여정을 독자 여러분에게 보여줄 것입니다. 함께 가실까요?

·
·
·

마음 깊숙한 곳에 숨어 있는 외로움은

어느 순간 마음의 틈새에서 뿜어져 나오게 마련이다.

Chapter 2.

솔직하게
말할 수 있다면 좋겠지만

—

혼자만의 세계에
머물고 있다면

이런 생각을 해본 적이 있습니까?

"내가 외로움에 시달릴 때 누군가 옆에 있어 주면 외로움
이 사라질 거라고 믿고 있다가 오히려 그 사람이 거추장스
럽게 느껴지면 어떻게 하지?"

이런 경우, 어쩔 수 없다고 받아들이면서 꾹꾹 눌러 참으
며 그냥 버티겠습니까? 아니면 당장 떠나달라고 하겠습니
까? 이런 때 다음과 같이 대화하면 어떨까요?

당신을 도우려고 찾아온 사람에게 걱정해줘서 고맙다고
하자, 그가 이렇게 묻습니다.

"괜찮아? 내가 도와줄 일이 없어?"

"그렇게 말해주니 고마워. 그런데 지금은 아무것도 생각하지 않고 그냥 혼자 있고 싶어."

이렇게 자신의 기분을 솔직하게 전달하면 어떨까요? 이 물음이 중요한 이유는, 이렇게 자신의 기분을 우선적으로 소중히 여기는 '자기중심'의 대화를 할 수 있는 사람은 머릿속에서 그려내는 이상과 현실 사이에 차이가 있더라도 그 간격을 자기 의지대로 줄여나갈 수 있기 때문입니다.

그렇더라도 남의 배려를 외면하고 자신의 입장을 먼저 내세우는 태도는 생각만큼 쉬운 일이 아니기에 문제가 됩니다. 우리는 어려서부터 그런 마음과 행동은 '이기주의'라고 교육받으며 자랐기 때문입니다.

하지만 외로운 감정에 자주 휘둘리는 사람에게는 이기주의적인 태도가 필요합니다. 자기의 속마음을 타인에게 솔직하게 전달하고, 자기 것을 먼저 챙기는 습관이 없기 때문에 고립감의 수렁에 빠지는 악순환이 그들의 일상이기 때문입니다.

그들은 아무리 정당한 말이라도 상대의 입장을 살피다가 안으로 그냥 꿀꺽 삼켜버리는 경우가 많습니다. 손을 번쩍 들고 '나 좀 구해줘!' 하고 한 마디만 하면 쉽게 도움을 받을 텐데, 그들은 상대가 싫어할지 모른다고 지레짐작을 하면서 입을 다물어버립니다.

앞으로 다루겠지만 외로움에서 벗어나는 데는 솔직한 소통이 특효약입니다. 마음의 문을 활짝 열고 자기 안에 도사린 감정을 툭툭 털어놓는 태도 말입니다.

"이렇게 말하는 나를 어떻게 볼까? 나약한 사람으로 보지 않을까? 더 이상 나를 상대해주지 않으면 어쩌지?"

이렇게 되뇌면서 자신의 고민을 그대로 끌어안고 물러서지 마십시오. 그때마다 뒤따르는 고립감 때문에 혼자라는 느낌에 더 심하게 휘말리는 악순환에 빠져듭니다.

소통만이 무조건 정답이라는 얘기가 아닙니다. 잘못 소통했다가 뜻하지 않게 상처를 받을 수 있고, 함부로 도움을 청했다가 허약한 인간으로 낙인찍힐 수 있습니다.

그러나 사람들 속으로 들어가는 적극적인 태도가 없으면

스스로를 갉아먹는 부정적인 감정에 휘말릴 우려가 크기 때문에 사람들과 어울리더라도 '자기중심적'으로, 행동해야 합니다. 나는 이를 '착한 이기주의'라고 표현합니다.

—
자꾸만 '내버려두라'고
말하는 사람

"나를 내버려 둬!"

우리가 이렇게 말하는 이유는 자신의 문제를 스스로 해결할 수 있다는 생각이 들기 때문입니다. 그게 아니면 자기 힘으로 해결하지 못하는 문제임에도 자존심이 허락하지 않아 상대에게 짜증 섞인 대응을 할 때 내뱉는 말이기도 합니다. 당신은 이런 말을 언제 내뱉으며, 그렇게 말할 때의 기분은 어떻습니까?

정반대의 경우도 있습니다.

"도와줘서 고마워!"

우리는 살면서 이런 말을 자주 하게 되는데, 이런 말 한마디로 감사하는 마음이 전해져서 배려나 도움을 준 상대에게 보람을 느끼게 합니다. 그러나 사람에 따라서는 당연하게 이런 말을 해야 할 때조차 제대로 입을 열지 못하거나 심지어 하고 싶지 않다고 머리를 흔드는 경우도 있습니다.

그런가 하면 진심이 담겨 있지 않은 투로 그냥 마지못해 표현하는 사람들도 있습니다. 당신이 이런 타입이라면, 혼자 있고 싶을 때 시험 삼아 다음과 같이 소리 내어 말해보십시오.

"그렇게 말해줘서 고마워. 그런데 지금은 아무 생각 없이 그냥 혼자 있고 싶어."

이렇게 말하면 '나를 내버려 둬!' 하고 차갑게 내뱉는 것과는 느낌이 전혀 다르게 전달됩니다. 그러니 당연히 받아들이는 사람의 마음도 하늘과 땅처럼 차이가 생깁니다.

이런 식으로 말할 때 하나의 단어, 하나의 문장이 어떤 식으로 느껴지는지 음미해보십시오. 당신이 그런 문장을 의식적으로 말하면서 아무 저항감 없이 표현할 수 있다면, 이전과는 전혀 다른 인간관계를 이어갈 수 있게 됩니다.

문제는 이런 표현이 생각처럼 쉬운 게 아니라는 것입니다. 평소에 그렇게 말한 적이 별로 없는 사람은 자기도 모르게 거부감을 느끼게 되는데, 이런 감정은 외로움에 길들여진 생각 습관이 마음속에 도사리고 있기에 나타나는 반응입니다.

외로움이라는 감정이 마음속 깊이 뿌리내리고 있으면 다른 사람들과 어울리기를 원하면서도 인간관계로 위로받을 수 있다고 믿지 않고, 혼자만의 세계에 빠져드는 악순환이 반복됩니다. 어떤 사람은 이렇게 말합니다.

"다른 사람과 함께 있어도 아무것도 아닌 일에도 마음에 상처를 받아 부정적인 기분이 커지는 상황이 자꾸 생깁니다."

그가 인간관계에서 자꾸 이런 기분에 빠져드는 이유는 다른 사람들과 마음이 통하는 대화를 이어갈 수 없기 때문에 만족감이라는 긍정적인 기분을 느끼지 못하는 것입니다.

만약 당신이 다른 사람들과 어울려도 고립감을 위로받지 못한다면 마음이 통하는 대화를 나눈 경험이 부족하거나 긍정적으로 느끼는 감각을 기르지 못했기 때문일지 모릅니다.

나는 한 사람의 심리학자로서 이렇게 말하고 싶습니다.

"아무리 다른 사람과의 교류를 통해 외로움을 털어내기를 원한다 해도, 그것을 실현시킬 방법이나 기술을 알지 못하면 상황은 나아지지 않을 것이다."

쉽게 말해서, 당신이 외로운 감정에서 벗어나기 위해서는 '탈출의 기술'을 배워야 한다는 것입니다. 다음 장에서 이 문제에 관해 심도 있게 논의해보겠습니다.

Chapter 3

외롭기 때문에
튀는 행동을 한다

—

자신에 대한 긍정감이 없을 때
생기는 일들

긍정적인 인간관계 경험이 별로 없다는 것은 굉장히 심각한
문제입니다. 인간은 사회적 동물이기 때문에 다른 사람들과
의 교류로 생기는 충만감을 통해 자신의 존재감을 확인하
고, 그것으로 살아갈 에너지를 얻기 때문입니다.

　이때 중요한 것이 '자기긍정감'입니다. 자신의 존재 자체
에 대한 무한 긍정을 통해 용기와 희망을 얻는 태도 말입니
다. 심리상담을 하다 보면 외로움에서 벗어날 방도를 찾는
사람들 대부분이 자기긍정감이 매우 낮다는 사실을 알게 됩
니다.

자기긍정감은 한 마디로 '있는 그대로 괜찮다'는 생각입니다. 자기긍정감이 강한 사람들은 남보다 분명히 부족한 부분이 있는데도 있는 그대로 괜찮다고 생각합니다.

하지만 어떤 사람들은 애초부터 자신을 형편없는 존재로 인식하면서, 당당한 자기표현은 물론이고 자기 것에 대한 소유권을 주장하지 못합니다. 심리학에서는 자기긍정감이 낮은 사람의 7가지 특징을 다음과 같이 설명합니다.

- 끝없이 타인과 비교하면서 자신의 부족한 부분을 질책한다.
- 자신은 어차피 할 수 없다고 생각한다.
- 과거의 실패 기억에서 벗어나지 못한다.
- 독립적인 사고 없이 무조건 타인에게 의존한다.
- 자신을 쓸모없는 존재로 여겨 무기력감에 빠진다.
- 입만 열면 부정적인 말로 자신의 욕망을 억누른다.
- 실패를 당연하게 받아들이며 쉽게 무릎을 꿇는다.

자기의 삶에 대해 긍정적인 태도가 없다면 아무리 주위에 사람이 많아도 덩그러니 혼자 남겨진 기분이 됩니다. 자신을 쓸모없는 존재로 여겨 무기력감에 빠지는 것이 고질병이 되었기 때문입니다.

　자기 삶에 대한 긍정적인 감정은 남들과 함께할 때 극대화됩니다. 다른 사람과의 교류에서 자기의 존재감을 확인하고, 그들과의 '섞임'을 통해 한 계단 상승하는 자신을 발견하게 되기 때문입니다.

　문제는, 자신에 대한 긍정감이 없는 사람들은 타인과의 소통보다 혼자 있는 시간을 추구하면서 대리만족을 위한 방법으로 돈이나 외모 가꾸기 같은 일에 몰두하며 주목을 받으려고 한다는 것입니다.

　심리학에서는 이런 심리를 '타자승인'이라고 규정합니다. 이것은 자신의 주체적인 노력이 아니라 어떤 물건이나 사람을 통해 대리만족을 하는 현상을 일컫습니다.

　하지만 이런 태도는 자신의 외로움을 회피하는 것에 지나지 않습니다. 문제의 핵심을 정면으로 맞서지 않고 그런 식으로 돌파구를 찾으면 외로움은 더욱 골이 깊어질 뿐입니다.

무의식적인 행동에서
외로움이 묻어난다

강연에 참석했거나 상담을 마친 뒤에 볼펜이나 노트, 손수
건 같은 소지품을 그냥 놔두고 돌아가는 사람들이 있습니
다. 그들은 왜 소지품을 놓고 가는 걸까요?

물론 저마다 이유가 있겠지만, 내 생각에는 무의식적으로
'강의실이나 상담실의 갑갑한 환경에서 빨리 벗어나 사람들
속으로 들어가고 싶다'는 열망이 강하다고 생각합니다.

메일이나 전화로 강연이나 상담, 책에 대한 정보를 몇 번
이고 되묻는 사람들도 있습니다. 본인은 정보가 정확한지
확인하고 싶어서 그렇게 행동하는 것인지 모르지만 내 생각
은 조금 다릅니다.

그들은 외롭기 때문에 누군가와 대화를 하고 싶다, 나를
상대해줄 사람이 필요하다는 마음이 동기가 되는 경우가 적
지 않다고 생각합니다. 한 마디로 말해서 누군가와 한 마디
라도 더 나누고 싶다는 심리가 작용한다는 얘기입니다.

이런 경향은 특히 은퇴한 지 얼마 안 된 사람에게서 자주 나타나는데 그렇게 해서라도 어딘가에 소속되어 있다는 느낌을 갖고 싶어서일 것입니다. 평생을 하나의 시스템에 속해서 살아왔기 때문에 조직 밖에서 따로 돌아가는 일상에 불안을 느낀다는 것입니다. 물론 그런 감정은 시간이 지나면서 점점 희석되지만 처음 얼마 동안은 예전 습관에 빠져 지내는 것을 자주 목격했습니다.

심리학에서는 '정서적 외로움'은 의지할 수 있는 가까운 사람이 아무도 없다고 느낄 때 나타나는 감정이라고 설명합니다. 고립의 감정이 스스로를 갉아먹는 바이러스가 되어 발전과 성장을 못 하게 작용한다는 뜻입니다.

해결책은 무엇일까요? 내가 강연이나 상담에서 버릇처럼 강조하는 말로 답을 대신하겠습니다.

"길을 지나는데 누군가 갑자기 나타나 뺨을 때린다면, 당신은 어떻게 행동할 것인가? 벌컥 화를 내며 그의 멱살을 잡고 흔든다고 이기적인 태도라고 말할 수 있을까? 이때 그에게 싫은 소리 하나 못 한다고 무조건 착하다고만 할 수 있을까? 인생사도 마찬가지다. 어떤 사람이 나를 괴롭힌다. 그에게 저항하지 않고 무조건 고개를 숙이는 사람을 선량하다고만 할 수 없다. 진짜 미덕은 무조건적인 착함이 아니라 착함을 달성하는 이기주의에 있다."

직장인 사회에서는 민폐가 될 정도로 주위 사람들에게 의존하는 사람이 있습니다. 마감시간을 코앞에 두고 다급하게 도움을 청하거나 거리낌 없이 개인적인 부탁을 하는 사람들이 그들입니다.

이런 일이 자꾸 반복되면 화가 나는 건 당연한데도 말 한마디 못하고 무조건 들어주기만 한다면 그런 사람을 착하다고 말할 수는 없습니다. 부당한 일에는 'No!'라고 말해야 합니다. 하기 싫은 일은 싫다고 분명하게 말할 줄 알아야 합니다. 진짜 인간적인 모습은 무조건적인 착함이 아니라 착한 이기주의에서 나온다는 걸 잊지 마십시오.

—
강하게 보이려고
억지로 행동하는

면접이나 영업 현장에서 자기 자신을 어필할 때 '나는 밝은 성격입니다!'라고 말하며 억지로 튀는 행동을 하는 사람들이 있습니다. 그런 사람을 보노라면 아무래도 좀 무리하는 것처럼 보여 마음이 짠합니다.

이렇게 억지로 강하게 보이려고 무리하는 사람들은 사실은 커다란 문제를 안고 있습니다. 그런 억지가 얼마나 자신에게 부담이 되고 있는지 알지 못하기 때문입니다.

그런 사람들은 그렇게 말해버린 탓에 자기로서는 도저히 가능하지 않은 일을 실행하거나 도전하는 경우가 있습니다. 그러면 자기의 한계를 깨닫는 순간 엄청난 무게의 외로움이 한꺼번에 밀려들게 됩니다.

있는 그대로의 자신을 받아들이며 소박하게 행동하면 되는데, 그것을 초월해서 행동하면 그로써 생기는 현실이 자신의 힘으로 감당하지 못한다는 무력감이 생기고, 부차적으로 외로운 감정이 뒤따르게 됩니다.

그들은 고객이나 직장상사, 심지어 가족을 의식하느라 신경세포가 극에 달할 만큼 곤두서 있습니다. 노력한 만큼 실적이 뒤따르지 않으면 자신을 날카롭게 책망하면서 구석으로 몰아붙입니다.

그런 사람들 중에 도박이나 마약에 빠지는 경우가 많고, 심지어 회사 공금을 빼돌려 주식 투자를 하다가 거액을 날리는 일도 많습니다. 이 모든 일들은 하나같이 외로운 감정이 출발점이라고 할 수 있습니다.

그런가 하면 입만 열면 '나는 다른 사람들을 전혀 신경 쓰지 않는다. 자유롭게 살아간다!'고 큰소리치는 사람도 있습니다. 하지만 이것은 자신을 어필하고 싶어서 일방적으로 떠들어대는 헛소리에 불과합니다.

이들은 자아도취 상태에서 함부로 지껄이는 게 주위 사람들에게 폐를 끼치는 일임에도 그것을 알아차리지 못합니다. 그런 사람의 속내를 들여다보면 역시 외로운 감정이 안개처럼 가득 퍼져 있습니다.

우리는 흔히 상황이나 사건을 재미있게 표현하거나 강조

하기 위해서 과장법을 사용하지만, 이런 행동이 너무 지나치면 자기 힘으로는 주워 담을 수 없는 상황에 봉착합니다.

자신의 모습을 있는 그대로 보여주는 습관이 중요합니다. 그렇게 자기표현을 했음에도 상대에게 받아들여지지 않는다면 그래도 어쩔 수 없다는 당당함이 필요합니다. 따라서 이렇게 말할 수 있습니다.

"자존감이 낮은 사람들은 실수를 했다고 느끼면 삽시간에 기분이 바닥을 치거나, 아니면 자신이 초래한 궁지가 다른 사람의 잘못인 양 화를 낸다. 곤란한 상황은 질질 끌고 가져가기 위해서가 아니라 극복하기 위해 존재하는 것이다. 상처받은 자존심을 주위 사람들에게 솔직하게 보여줄 줄 아는 사람은 그들의 협조를 얻을 수 있다."

이런 모습이 바로 착한 이기주의자의 태도로, 남들에게는 물론이고 자기 자신에게도 솔직함이 외로운 기분을 극복하는 최고의 처방전입니다.

Chapter 4.

혼자 있는 시간의
고독 사용법

—

'어떻게 느끼느냐'에 따라
천국과 지옥을 오간다

TV에서 '나 홀로 전원주택'이라는 프로그램을 본 적이 있습니다. 도심을 벗어나서 깊은 산간에서 혼자 살고 있는 사람들의 자유로운 삶을 보여주는 내용입니다.

이 프로그램에 혼자 사는 어느 고령의 여성이 출연했는데, 자신이 머무는 곳에 진달래꽃의 추억이 배어 있다면서 온갖 꽃으로 가득한 공간을 천국이라 부르는 모습이 인상적이었습니다.

그녀가 거주하는 곳에는 철마다 온갖 꽃이 피고, 골짜기와 맞닿은 정원에는 남편이 생존했을 때 소중히 여겼던 작은 공간이 있는데 아직도 그 모습 그대로 보존하고 있다고 했습니다.

혼자 자급자족하고 있다는 83세의 그 여성은 매일 아침 산에 오르고, 앞마당에서 야채를 기르면서 살아가는 혼자만의 삶이 아주 만족스럽다고 말했습니다. 그렇게 말하는 동안 정말로 얼굴에 미소가 떠나지 않았습니다.

프로그램에 나온 또 다른 인물로, 연령에 비해 젊은 얼굴에 교양이 넘치는 50세 남자가 있었습니다. 그도 역시 노파와 비슷한 환경에서 살고 있었는데, 웃음기 머금은 얼굴로 '여기엔 아무것도 없지만 공기와 물이 더 없이 맛있다'고 말했습니다.

하지만 내가 보기에 웃는 얼굴 뒤에 외로움이 깊이 묻어 있었습니다. 가끔 도시에서의 화려했던 추억을 떠올릴 때면 그때가 몹시 그립다면서 회한에 찬 눈으로 산 너머 저쪽에 있는 도시를 향했습니다.

나는 여성의 얼굴에서는 현재의 삶에 대한 만족감을 보았

지만 남자의 표정에서는 도시에 두고 온 것들에 대한 미련
이랄까, 현재의 삶에 대한 불만이랄까, 그런 것들이 보였습
니다.

비슷한 환경에서 살고 있음에도 한 사람은 천국이라고 말
하며 살고, 다른 한 사람은 가슴속에 고독을 껴안고 살고 있
었습니다. 이런 차이는 어디서 오는 걸까요?

나는 그 프로그램을 보면서 동일한 환경 조건에 처해 있
을 때 어떻게 마음을 먹느냐에 따라 모든 게 확연히 달라진
다는 사실을 다시 확인할 수 있었습니다.

우리가 입 밖으로 뱉는 말에는 자신이 경험해온 생활 배
경이 그대로 담겨 있습니다. 현재의 삶을 천국이라고 말하
는 여인은 남편이나 가족과의 생활에서 느꼈던 과거의 행
복한 순간들을 소중하게 여기고 있었지만, 외로움을 느끼는
남자는 소중한 것들이 모조리 사라진 지금 자신의 삶이 끝
도 없이 공허하다고 느끼는지도 모릅니다.

과거를 돌아보면서, 그리고 그것을 현재의 상황에 적용하
면서 어떤 부분에 초점을 맞추느냐에 따라 행복하거나 불행

한 기분이 됩니다. 저마다의 인식에 따라 현실을 바라보는 감각이 달라지기 때문입니다.

똑같은 상황을 바라보면서도 사람마다 느낌이 다릅니다. 그렇듯이 나를 둘러싼 현실에 대해 어떻게 바라보고, 어떻게 생각하느냐에 따라 마음가짐이 달라집니다.

결국 자신의 존재감에 대한 자기만의 생각이 있어야 한다는 것입니다. 다시 말하면 자기 삶에 대해, 자신의 가슴속에서 우러나는 질문에 스스로 답을 찾을 수 있어야 한다는 뜻입니다. 니체는《우상의 황혼》에서 이렇게 말합니다.

"어떻게 살아야 할지를 가르치는 삶의 방법론을 담은 책은 많지만 내게 맞는 것을 찾기는 어렵다. 타인의 방식이 나에게 맞지 않는 것은 당연한 일이니 전혀 이상하지 않다. 문제는 내가 던지는 '왜?'라는 질문 내용을 나 스스로 인식하지 못한다는 데 있다. 왜 그것을 하고 싶은가? 왜 그렇게 되려고 하는가? 왜 그 길로 가려고 하는가? 이런 물음에 내면으로부터 답을 찾지 못하기 때문에 평가 기준을 갖추지 못하는 것이다. '왜?'라는 물음에 스스로 답을 찾을 수 있어야만 무엇을 어떻게 할지 알게 되어, 이제 그 길로 가는 일만 남게 되는 것이다."

—
외로운 감정을
잊기 위해

외로움에 깊이 빠져 있는 사람들은 '나는 외롭다'는 기분이
영원히 지속될 것 같다고 말합니다. 수렁에 빠진 듯한 절망
감이 죽을 때까지 해소될 것 같지 않다고 호소합니다. 그래
서 그들은 이렇게 묻습니다.

"아무리 발버둥을 쳐도 혼자라는 느낌을 버릴 수가 없어
요. 어떻게 하면 외로움이 해소될 수 있을까요?"

나는 상담을 진행하면서 '항상 초조하다', '언제나 불안하
다'고 호소하는 사람들에게 이렇게 말합니다.

"지금 이 순간 무엇을 보고, 무엇을 떠올리고, 무엇을 생
각하기에 그런 감정에 빠졌는지 찬찬히 돌아보십시오."

그런 사람들에게는 혼자 있는 시간의 고독을 자신을 돌아
보는 귀한 시간으로 받아들이는 태도가 필요합니다. 그 시

간을 외로움의 고통이 아니라 사색의 기쁨으로 받아들여서
자아성장을 위해 귀하게 사용할 수 있어야 합니다.

가끔 벤처기업 CEO들의 조찬모임에 강의하러 갈 때가
있습니다. 대부분 30대에서 40대인 젊은 경영자들로, 그중
에는 TV나 신문, 잡지에 등장하여 자신의 성공 스토리를 말
하는 걸 본 적도 있을 만큼 유명한 사람들입니다.

1시간 내외의 강의가 끝나면 그들과 질의응답하는 시간
이 이어집니다. 한 번은 어떤 분이 이런 질문을 했습니다.

"누구보다 열심히 일해서 목표를 이루었지만 문득 문득
찾아오는 외로운 순간이 있습니다. 죽어라고 일만 하다 보
니 기업의 성공이라는 타이틀은 얻었지만, 때로는 나의 세
계에 갇혀서 세상과 단절된 느낌이 들고 가슴이 텅 빈 듯이
공허함을 느끼는 겁니다. 어떻게 하면 이런 감정을 극복할
수 있을까요?"

성공이라는 타이틀을 얻는 대신 가슴이 텅 빈 듯한 공허
함을 덤으로 얻었다는 말은 대기업 경영자나 고위 공직에
있는 사람들한테 흔하게 듣는 하소연입니다.

어떻게 하면 이런 감정을 극복할 수 있을까요? 그렇게 말할 때의 표정에는 측은할 정도로 외로움이 묻어 있어 마음이 짠해집니다. 이 물음에 대한 나의 대답은 이것입니다.

"혼자만의 시간을 더 많이 가지십시오. 단, 그 시간만은 일을 잊어버리고 뭔가에 몰두하십시오. 마음속에 웅어리진 외로움을 떨칠 일이면 무엇이든 좋습니다."

외로운 감정을 떨치기 위해서는 자신을 돌아보는 것도 중요하지만 닫힌 마음을 열어젖히는 전략도 필요합니다.

그로부터 6개월 뒤 다시 그 모임에 나갔을 때, 지난번의 그분과 다시 만났습니다. 그가 나를 보자마자 반갑게 악수를 청하며 이렇게 말했습니다.

"시골의 고향집에 목공소를 차려놓고 가구 만드는 작업을 하고 있습니다. 어렸을 때부터 손재주가 있었거든요. 가구 만들기에 몰두하다 보면 육체적으로는 조금 힘들지만 마음이 개운해지는 게 정말 좋아요. 공허함이나 외로움 따위는 잊어버릴 수 있어서 정말 최고입니다!"

여기서 중요한 것은 하나의 일에 즐겁게 몰두함으로써 외로운 감정이 솟아날 여지를 아예 차단한다는 것입니다. 외로움이나 고립감을 호소하는 사람들의 공통점은 그런 노력이나 방법을 모르기 때문에 쉽게 부정적인 감정의 노예가 되어버린다는 문제입니다.

취미생활도 좋고, 자원봉사도 좋습니다. 혼자 있는 시간의 고통을 떨치기 위해 뭔가에 몰두해서 현실을 의도적으로 망각하는 방법도 훌륭한 전략임을 잊지 마십시오.

・・・

인간은 원래 고독한 존재인지 모른다.
그래도 '지금 이 순간'의 외로움을 이겨낼 방법은
반드시 있다.

착한 이기주의자로 사는 법

- 자기중심 심리학이란 무엇인가?

나는 한 사람의 상담심리학자로서 오랫동안 '자기중심'과 '타자중심'이라는 개념을 바탕으로 심리 치료를 진행해왔다. 나는 이를 통틀어 '자기중심 심리학'이라고 부르고, 다른 표현으로는 '착한 이기주의자가 되는 심리학'이라고 부르기도 한다.

자기중심과 타자중심의 결정적인 차이는 자기 자신을 삶의 중심에 놓고 살아가느냐, 아니면 타인을 중심에 두고 살아가느냐 하는 점이다.

자기 자신을 인생의 중심에 두고 살아가면 주변의 사물이나 시시때때로 일어나는 일들을 자신을 축으로 놓고 바라보고, 생각하고, 판단하고, 선택하면서 행동하게 된다.

반면에 내가 아닌 다른 사람을 중심으로 살아가면 주변의 사물이나 현상을 타자의 시점으로 바라보고, 사고하고, 판단하고, 선택하면서 행동하게 된다. 다시 말해 자기 인생에서 자신은 존재하지 않고 다른 사람들이 주인공 노릇을 하는 삶이 된다는 얘기다.

이런 상황은 스스로 단단히 자각하지 않으면 마치 대뇌의 영향을 받지 않고 반응이 일어나는 무조건반사처럼 자동적으로 선택하거나 선택되어지는 사태를 초래한다.

그렇기에 의식을 자신에게로 향하느냐, 아니면 타인에게로 향하느냐에 따라 삶이 전혀 달라진다. 만약 자기중심을 버리고 타자중심으로 살게 되면, 자신이 진짜 원하는 것과는 정반대의 선택으로 점철된 인생을 살 수밖에 없다. 자기 삶의 울타리 안에 타인들이 우글거려서 삶이 제멋대로 흔들리는 사태를 초래하기 때문이다.

'타자중심'의 삶은 자신이 어떤 일을 판단하고, 선택하고, 행동할 때 외부 평가나 환경 조건을 기준으로 한다. 그렇기에 그는 일반의 상식과 기준을 중시한다. 따라서 뭔가 결정을 할 때는 항상 '남들이 어떻게 생각할까?'를 염두에 둔다.

자신의 생각이나 감정보다 외부 상황이나 주위 사람들에 맞추려고 하기 때문에 자신의 마음속 감정을 외면하고, 타인의 기분에 좌우된다.

그는 자기의 이익과 손실, 승리나 패배를 따지는 일에도 이런 식으로 타자중심 사고에 사로잡힌다. 인간은 한 번에 느끼거나 생각할 수 있는 일에 분명한 한계가 있다.

의식의 눈이 항상 외부로만 향해 있다면 눈에 들어오는 대상에 대해 내가 어떻게 느끼는지, 어떤 기분이나 생각을 하는지를 알아차리지 못하게 된다. 그러면 자신의 감정에 대한 공감 능력의 상실로 이어지고, 바로 이런 의식이 외로운 감정과 밀접하게 연관을 맺는다.

흔히 오해하기 쉬운 게 있는데, 여기서 말하는 '자기중심'을 자신의 욕구나 소망을 위해 어떻게든 자기 생각만을 관철하려는 이기주의적인 태도와 혼동하는 일이다.

자기중심은 자신의 기분을 소중히 여기면서도 동시에 상대의 기분을 인정한다. 왜냐하면 상대 또한 자기중심 위주로 살아가는 존재라는 걸 알기 때문이다. 그래서 서로가 서로를 인정하는 일이 가능해지고, 그렇기에 인간관계가 더욱 돈독해지는 것이다.

우리가 알고 있는 이기주의는 처음부터 상대를 인정하지 않는 마음에서 출발한다. 자신의 만족을 위해 다른 사람들에게 마음을 달라고 강요하고, 자신의 존재를 먼저 인정해달라고 요구한다.

그러면 요구가 충족되더라도 그것을 당연하게 여기기 때문에 다른 사람들과 진정으로 소통할 수가 없다. 그러다 보면 어쩔 수 없이 다시 혼자만 남는 상황이 된다. 타인에 대한 감사의 마음이나 배려가 부족한 사람에게 다른 사람들이 무조건 마음을 주지는 않기 때문이다.

이기주의자들은 자신의 세계만을 고집하고 내세우는 오만함을 자존심을 지키는 일이라고 생각하기 때문에 상대를 인정하고 존경하는 일이 없다. 자신을 낮추는 태도는 상대에게 패배하는 일이라 여기기 때문에 양보는커녕 상대를 기어코 무릎 꿇게 만들려 한다.

그 때문에 그는 자기가 상처받는 일에는 민감하게 대처하지만, 자신이 타인에게 상처를 주는 행위에 대해서는 알아차리지 못한다.

그러다 보니 그는 자신의 상황이나 욕구, 소망을 위해서라면 타인의 삶의 영역을 마음대로 침범하고 훼손하는 짓을 서슴지 않으면서도 자신의 심리적 울타리가 침해당하는 일에는 죽기 살기로 저항한다. 타자중심적인 삶은 이렇게 타인과의 간격을 멀어지게 함으로써 점점 더 외로움의 함정으로 그를 밀어뜨린다.

—
자기중심으로
살기 위해서는

자기중심의 심리상태를 '착한 이기주의'라고 표현했는데, 이를 달리 말하자면 자신의 기분이나 욕구, 의지를 바탕으로 일상의 모든 일을 판단하고, 선택하고, 행동하는 생활 방식을 말한다. 인생의 모든 기준을 자신을 중심축으로 생각하기 때문에 판단과 행동의 기준이 자신에게 있는 것이다.

자기중심으로 살기 위해서는 우선 밖으로 향해 있던 시선과 다른 사람들에게 향해 있던 관심을 자신에게로 돌릴 필요가 있다. 그러기 위해, 현재 주변에서 일어나고 있는 일들이나 사물, 현상 같은 대상들을 보면서 자신에게 이렇게 물어보자.

"나는 지금 무슨 생각을 하고 있는가?"

"나는 지금 어떤 기분인가?"

"지금 나의 마음과 신체는 어떤 식으로 느끼고 있는가?"

"지금의 나를 하나의 기분으로 말하자면 무엇이라고 생각하는가?"

이런 식으로 자신의 마음이나 감정, 욕구나 오감, 육체에서 오는 느낌들에 초점을 맞춰보자. 자기를 제대로 알기 위해서는 스스로에게 초점을 맞춰 자신의 감정을 오롯이 느껴야 한다.

조용히 눈을 감고, 위에 제시된 질문을 포함해서 현재의 '나'를 느껴보자. '나'를 제대로 알면 마음이 하는 소리를 똑바로 들을 수 있다.

그렇게 되면 자기 마음이 하는 말에 따라 살게 된다. 자신을 알면 자기의 마음에 상처를 주는 일을 하지 않게 된다. 남들이 알아주건 말건 외로움 따위는 자신과 관계없는 일이 된다. 왜냐하면 마음이 자기만의 삶으로 충만하기 때문이다.

그러면 자기 마음 안에 도사리고 있는 응어리나 부정적인 감정을 해소하기 위해 노력할 수 있고, 그런 노력들이 자신을 진심을 다해 사랑하는 행위와 이어진다.

그렇게 자신의 생각이나 욕구, 소망을 채우려고 노력하는 것이 바로 착한 이기주의에 입각한 자기중심적인 생활 태도이다. 이것이 자신을 누구보다 신뢰하고 사랑하는 삶을 '착한 이기주의'라고 부르는 이유다.

—
항상 자기의 마음을
관찰해야 한다

자기중심적인 삶을 위해서는 항상 자신의 현재 상태를 알아
야 한다. 이것은 자신의 상태를 면밀히 자각하는 일이기도
해서 매우 중요하다.

　타자중심은 자신의 외부에 있는 것들을 지나치게 중요하
게 생각하기 때문에 그것들을 자기 나름의 눈으로 분석하거
나 추측해서 모든 판단과 행위를 결정하려고 한다.

　언뜻 보면 이런 태도는 매우 합리적이고 기능적이며 실리
적으로 보이지만, 가만히 들여다보면 그런 일상 안에 자기
자신이 존재하지 않는다는 치명적인 단점이 있다.

　인간이라는 생명체는 정신과 육체가 조화를 이루며 존재
한다. 아무리 합리적이고 기능적이며 실리적이라는 이유로
뭔가를 결정해도 결국 실행에 옮기는 것은 육체의 일이다.
한 마디로 말해서 컴퓨터같이 기계적인 것으로는 나를 제대
로 다룰 수 없다는 얘기다.

다시 말하지만, 타자중심이 되어 외부 조건에 휩쓸려 살게 되면 자기의 삶에 자신은 없고 타인의 목소리만 가득하게 된다. 그 목소리가 시도 때도 없이 당신을 깨우며 이래라저래라 명령한다고 생각해보라.

자신을 제대로 알기 위해서는 자기의 마음이 무엇을 지향하는지 알아야 한다. 그러니 특히 중요한 것은 매 순간마다의 마음이고, 이를 위해서는 항상 자기 자신을 느껴야 한다. 이것이 바로 자기중심으로 살아가는 사람의 일상이다.

예를 들어 당신이 문득 외롭다는 감정에 휩싸이게 되었을 때는 다음과 같이 생각해보자.

"나는 지금 무엇 때문에 외롭다는 기분이 되었을까?"

"나는 지금 무슨 일을 하다가 외로운 기분을 알아차리게 되었을까?"

"과거에 언제 이런 기분을 느꼈고, 그때와 지금은 무엇이 같고 무엇이 다른가?"

이런 식으로 현재의 기분을 알아차리면 자신을 파악하는 일이 가능해진다. 다시 말하지만 언제 어디서든 자신의 기

분을 감지하는 일이 중요하다. 그래야 마음이 시키는 대로
판단하여 행동할 수 있고, 그것이 바로 자기중심의 삶으로
이어진다.

　결국 자기중심의 삶이란 능동적으로 자기 삶을 주관하는
것이다. 그래야 자기 인생이라는 무대에서 온전히 주인공
역할을 할 수 있다.

내 삶의 진짜 소유자는 누구인가?

무너진 인간관계,
나는 왜 항상 이럴까?

• • •

무역회사 영업과장이자 8년차 회사원인 무라타 히데오는 오늘도 버릇처럼 집 근처 카페에 들러 혼자 와인을 마시고 있다. 술을 별로 좋아하지는 않지만, 그래도 와인 한 잔 정도는 소화할 수 있어서 자주 이 카페에 들르곤 한다.

그는 긴 한숨을 뱉으며 와인 한 모금을 마셨다. 요즘 들어 부장의 잔소리가 부쩍 늘었다. 무라타만 보면 짜증이 만개한 얼굴로 노려보며 왜 아직도 지시한 일을 마치지 못했느냐고 독촉한다.

그러고는 "굼벵이 같은 녀석하고는 같이 일 못 하겠어!" 하고 대놓고 내뱉는다. 그래도 무라타는 대꾸 한 마디 못하고 어깨를 움츠린다. 부장의 말이 틀린 게 아니기 때문이다.

처음부터 그런 건 아니었다. 무라타가 그 회사에 처음 입사했을 때 과장으로 근무하고 있던 부장은 처음 한동안은 무라타의 부족한 부분을 채워주려고 노력하는 눈치였지만 얼마의 시간이 지나자 노골적으로 짜증을 내기 시작했다. 속도감 있게 쫓아오지 못하는 무라타의 더딘 업무 감각이 문제였다.

　그 다음에 찾아온 것은 팀원들의 외면이었다. 팀워크를 이뤄서 끝마쳐야 할 일에 무라타가 그다지 보탬이 되지 않았던 것이다. 그렇다고 무라타가 실력이 아주 없는 사람은 아니었다. 타고난 소심증 탓에 팀원들과 활달하게 어울리지 못하고, 자기 의견을 강하게 피력하는 일이 드물다는 게 문제였다.

　그러다 보니 점점 직원들 간의 소통에서 소외되는 일이 많아졌고, 언젠가부터 아예 없는 사람 취급을 당하게 되었다. 내가 정말 말로만 듣던 '왕따'를 당하고 있는 것일까? 처음엔 할 일만 열심히 하면 되니 상관없다고 생각했다. 하지만 나날이 더해만 가는 동료 직원들의 냉대로 이제는 숨이 막힐 지경이 되었다.

　입사한 지 7년 만에 과장으로 승진했지만, 부장은 아예 대놓고 그건 '대외용'이라고 말했다. 거래처를 상대하는 일이 많다 보니 아무래도 책임의 무게감을 주기 위한 것이라는 얘기였다.

　그가 과장으로 승진한 날 누구도 축하한다는 말이 없었고, 승진 축하 회식이라도 하자는 말은 더욱 없었다. 그날 저녁 퇴근하면서 집 근처 카페에 들러 와인 한 잔으로 자축을 했다. 그래도 여기까지 왔으니 다행이라는 생각과 함께.

무엇 하나 달라진 게 없는 나날을 보내면서, 요즘 외로움의 무게에 짓눌려 살아가는 자신을 자주 보곤 한다. 마음 밑바닥으로부터 올라오는 물음이 들린다. 언제까지 이렇게 살아야 하나?

어디서부터 잘못된 실타래인지 모르지만 어떻게든 얽히고설킨 매듭을 풀어헤치고 싶은 마음이 간절했다. 왕따의 늪에서 벗어나고 싶고, 인간관계에도 물 흐르듯이 유연하게 대처하고 싶다. 어떻게 해야 할까?

그러다 생각하게 되었다. 문제 해결의 열쇠는 자신에게 있을지 모른다고 말이다. 타고난 소심증에 낯가림이 심한 성격만 핑계 대며 언제나 뒷걸음질만 쳤지 그런 성격을 뛰어넘겠다는 다짐 같은 건 없었다.

극에 달한 고독감 때문에 홀로 가슴을 쥐어뜯으며 괴로워하는 습관을 이겨낼 처방 같은 건 염두에도 없었던 지난날의 자신을 책망한다. 내가 나를 뛰어넘지 않으면 안 되는구나. 내가 나를 무시하는 성격부터 고치지 않으면 안 되겠구나.

그런데 어떻게 해야 하지? 방법을 모르니 답답하고, 해답을 찾앴더라도 사람들과 부딪치고 맞서는 일을 혼자 감당한다는 게 엄두가 나지 않았다.

사실 그동안 무라타는 자신의 소극적인 성격을 고치려고 서점에 가서 성격 개조니 인간관계 개선이니 하는 주제가 담긴 신간 서적을 많이 찾아봤다. 하지만 직접적인 도움이 되는 책을 만나긴 힘들었다.

어떻게 해야 하나? 나는 왜 항상 이 모양일까? 고민의 무게가 무거울수록 낙오자가 될지 모른다는 생각이 들어 마음이 너무 무겁다. 힘들게 여기까지 왔는데, 외로움의 무게로 짓눌려 죽을지도 모른다는 생각이 들어 가슴이 찢어졌다.

Chapter 1

남을 미워하는 마음 뒤에
숨어 있는 감정들

—

파국의 상황을 낳은
주범은 따로 있다

심리학자들은 현대인이 부정적인 커뮤니케이션에 익숙하다고 진단합니다. 다음은 한 심리학자의 수필집에서 발췌한 글입니다.

"현대인은 다른 사람과 어울려 살면서 서로의 마음을 충족시킬 수 있는 긍정의 관계를 맺을 수 없게 되면 이를 지혜롭게 타개할 생각을 하지 않고 다툼이나 갈등 같은 부정적인 방법으로 상대한다. 문제는, 그런 불완전한 소통을 통해 자신의 존재감을 확인하는 사람들이 늘고 있다는 점이다."

 이런 식의 부정적인 그물로 인간관계 네트워크를 짜게 되면 조만간 숭숭 구멍이 뚫려서 자기 삶에 그 어떤 유익도 남지 않게 됩니다. 글은 이렇게 이어집니다.

 "대다수 현대인은 그런 방식으로 관계를 맺는 방법밖에 모르기 때문에 혼자가 되는 경우가 많고, 그런데도 완전히 버림받을지 모른다는 생각에 더욱 부정적인 언행을 일삼는 등 튀는 행동을 함으로써 집단 속에 남으려고 한다."

 부모자식이나 부부 간에 앙금이 생기는 경우가 바로 대표적인 사례입니다. 부부가 서로 사랑하면서도 자꾸 상처를 입히는 말을 내뱉는 경우가 그렇고, 부모가 자식을 끔찍이 아끼면서도 마주할 때마다 차갑게 대하는 것도 그렇습니다. 한 여성잡지의 조사에 의하면 부부가 언쟁을 벌이는 대부분의 이유는 원치 않는 말을 뱉고 나서도 자존심 때문에 사과하지 않기 때문이라고 합니다.

 결혼한 사람은 익히 아는 이야기지만, 이혼하는 부부의 상당수가 이렇게 틀어진 관계를 양보나 이해를 통해 이어붙이려고 하지 않고 자기 입장만 고집하다가 헤어지는 길을 선택합니다.

부정적인 관계를 이어오다 보니 마음속에 감당할 수 없을 만큼 수북하게 불만이 쌓이고, 그런 쓰레기 감정에 떠밀려 이혼이라는 극단의 선택에 이른다는 이야기입니다.

우리가 주목할 점은, 이런 상황을 낳은 주범이 외로움이라는 사실입니다. 외로운 감정이 눈덩이처럼 쌓여 자존심을 건드렸고, 결국 삶을 전혀 다른 길로 치닫게 만들었다는 얘기입니다.

누군가를 미워하는 건
외롭다는 뜻이다

다른 사람들과 부정적인 관계를 쌓아나가는 걸 인생의 보람으로 여기는 사람이 있습니다. 도대체 왜 저렇게 살까 싶을 정도로 틈만 나면 아무 데서나 행패를 부리고 세상 사람들에 대해 불평불만을 멈추지 않습니다.

직장에서 하루가 멀다 하고 동료들과 반목하고, 틈만 나면 거래처와 대판 싸움을 벌이는 사람이 있습니다. 아랫사람이 조금만 실수해도 나라가 망할 듯이 큰소리치는 상사도 있고, 걸핏하면 화를 내며 사표를 던지는 사원도 있습니다.

삶의 보람이나 목표가 반드시 긍정적이어야 한다는 법칙은 없지만, 살면서 증오나 갈등 같은 부정적인 감정을 통제하지 못하고 살아간다면 그런 사람의 미래는 보나 마나입니다.

그런 사람들 중엔 어려서 무척 엄격한 환경에서 성장했고, 어른이 되어서는 부정적인 인간관계만을 경험하면서 마음이 만신창이가 된 경우가 있습니다. 동료와 무한 경쟁을 하는 마음으로 일관하는 사람들과 어울리다 보니 설탕같이 달콤한 인간관계가 무엇인지 모르는 경우도 있습니다.

이런 심리상태가 고착되면 문제는 예상보다 훨씬 심각해집니다. 가령 그들이 현재의 분노나 증오심 같은 부정적인 감정을 완전히 털어버린다면 어떻게 될까요?

타인을 증오하는 일은 스스로도 무척 괴롭기 때문에 그런 고통으로부터 벗어나게 되어 다행이라고 박수라도 쳐줄 것 같지만 안타깝게도 그렇게 되지는 않습니다.

생각해보십시오. 몇십 년 동안이나 삶의 보람으로 여겨왔던 일들이 한순간에 사라지는 것입니다. 더구나 그는 어떻게 긍정적인 관계를 맺어야 하는지 방법을 모르고, 누군가 긍정적인 관계를 맺자고 손을 뻗어도 그게 무슨 뜻인지 실감하지도 못합니다.

그는 지금까지 증오심을 앞세워 인간관계를 맺어오면서 숱한 분란을 일으켜 왔습니다. 그때마다 주위 사람들은 그의 언행에 놀라거나 화를 내거나 했는데, 정작 당사자는 그들의 당황하는 모습에 묘한 쾌감을 느끼며 더 심한 말로 상처를 주었습니다.

그런데 그런 식으로나마 관심을 받던 관계를 그만두게 되는 것입니다. 그는 '나는 애초에 다른 사람들을 믿지 않는다! 주위 사람들로부터 사랑받는 일 따위는 절대 없을 것이다!' 하고 외쳐 왔습니다.

사람과 사람의 관계는 진정한 마음을 주고받을 때 더 깊어지고 넓어지는 법인데, 그런 방식에 대한 경험도 없고 이해할 수도 없기 때문에 돌연한 변화의 상황에 어리둥절하게 됩니다.

그는 자신에게서 부정적인 감정을 소멸시켜 버렸을 때 아무것도 느낄 수 없는 자신을 발견하고 아연실색할지 모릅니다. 그만큼 암울한 기분에 뿌리내린 감정이 그의 마음을 송두리째 사막으로 만들어버린 것입니다.

이런 이야기는 세상에 대해, 그리고 인간에 대해 증오심을 떨치지 못하는 사람은 그 자체로 심각한 고독의 희생자라는 결론을 보여줍니다. 자, 어떻게 해야 할까요? 계속 부정적인 생각에 빠져서 예전처럼 증오하고 분노하고 반목하면서 살아가야 할까요? 그래서는 안 됩니다. 방법을 찾아야 합니다.

자신을 지키기 위해
공격적인 사람이 되고 만다.
그래서 그는 또 다시
자기 자신이 싫어진다.

누군가를 미워하는 건 외롭다는 뜻이다.

무조건적인 동정은
불행을 낳는다

—

동정심만으로는
외로움이 채워지지 않는다

직장생활을 하다 보면 동료들이 회사나 상사에 대해 불만을 털어놓을 때가 있습니다. 업무에 대한 불만, 상사의 태도에 대한 반발, 동료직원과의 언쟁 등 그들의 입에서 나오는 불평불만의 종류는 백과사전에 담을 만큼 많습니다.

그런데 여기서 잘 생각해봐야 할 문제가 있습니다. 누군가의 푸념을 들어주는 행위는 내 입장에서 봤을 때는 친절한 것처럼 보일 수 있지만, 말하는 사람과 들어주는 사람의 관계는 어느 한쪽이 열등한 입장이 되고 반대쪽은 우월한 입장이 되는 지배관계를 만듭니다.

그러나 조금만 더 생각해보면, 딱히, 그렇지만은 않다는 걸 알게 됩니다. 시도 때도 없이 불만을 토로하면서 동정심을 유발하는 방법을 통해 자기 의지대로 상대를 움직이려는 속셈일지도 모르기 때문입니다. 이런 행동을 심리학에서는 '동정의 지배'라고 부릅니다. 다음의 관계를 보십시오.

- 어머니가 딸에게 잔소리를 늘어놓는다.
- 남편이 아내에게 회사일로 불만을 늘어놓는다.
- 아내가 이웃과의 관계에 대해 가족에게 푸념을 늘어놓는다.
- 동생이 형에게 학교에서 생긴 일에 대해 푸념을 늘어놓는다.

언뜻 보면 불만이나 푸념을 쏟아내는 사람이 열등한 위치에 있고 그것을 들어주는 사람이 우월한 것처럼 보일 수 있지만 과연 그럴까요? 그렇다면 다음의 상황도 떠올려봅시다.

- 상대의 푸념을 들어주지 않으면 미안한 마음이 든다.
- 상대의 푸념을 들어주지 않으면 내가 나쁜 사람처럼 느껴진다.

◦ 상대의 푸념을 들어주지 않으면 관계가 틀어질지 모른다.
◦ 상대의 푸념을 들어주지 않으면 앞으로 내게 진심을 털어놓
  을 일은 없을 것이다.

이런 이유로 거부하기가 어려워서 마음에 부담을 느끼면
서도 들어주게 되는데, 이러면 사실은 지배하고 있는 게 아
니라 지배를 당하고 있는 것이 됩니다. 작가이자 철학자인
나카지마 요시미치는 '동정심'에 대해 이렇게 설명합니다.
 "무조건적인 동정심은 세상을 바라보는 정확한 시선을
망가뜨리고 본질을 보는 눈을 흐리게 한다. 타인의 연민이
나 동정을 악용하는 자들에게 동정심을 느끼는 사람은 언제
나 피해를 입는다. 동정이 만연하면 잘못된 가치가 속출하
기 때문에 자신의 삶을 위해 빨리 섣부른 동정의 늪에서 나
와야 한다."

위의 문장에서 가장 중요한 대목은 '타인의 연민이나 동
정을 악용하는 자들에게 동정심을 느끼는 사람은 언제나 피
해를 입는다'는 부분입니다. 나는 동정의 지배로 인한 부작
용을 이보다 더 날카롭게 지적한 문장은 없다고 생각합니

다. 동정심의 남발로 시작된 인간관계가 궁극적으로 외로움으로 이어지는 결말을 보여주기 때문입니다.

—
당신의 슬픔이
아무리 크더라도

타인과의 '관계성'에 따라 '지배/피지배' 관계가 성립되는데, 이 때문에 피지배적인 입장에 있는 사람은 지배적인 위치에 있는 사람에게 자동반사 하듯이 따르게 됩니다.

　이런 관계에서는 피지배적인 입장이 일방적으로 손해를 보는 것 같지만, 아무 대꾸 없이 그냥 따른다는 관계에는 보이지 않는 장점도 있습니다. 예를 들면 이런 것들입니다.

- 스스로 판단하지 않아도 문제되지 않는다.
- 명령에 응하기만 하면 아무 탈 없이 지낼 수 있다.
- 결정에 대한 책임을 지지 않아도 된다.
- 계속해서 의존하며 지낼 수 있다.

이런 식으로 말없이 복종만 하는 사람은 결과에 대한 책임까지 상사에게 떠넘길 수 있으니 문책을 당할 일이 없습니다. 그저 시키는 대로 했을 뿐이니 결정이나 판단의 책임 문제가 없기 때문입니다.

하지만 이런 식으로 살아가는 방식엔 문제가 있습니다. 모든 인간은 원래 독립적인 의사 결정 기관으로 존재하기에 언제까지나 자기 목소리를 죽인 채 남이 시키는 대로 살아갈 수가 없는 것입니다.

무조건 의존하며 살면 그 어떤 책임도 지지 않고 살 수 있다는 안전함에 마음이 편할지 모르지만, 그런 존재로 살다 보면 하찮은 자리를 전전하다 생을 마감할지 모릅니다. 지나친 의존은 자신을 망가뜨리는 요소로 작용한다는 얘기입니다.

결국 지배적인 위치에 있든, 아니면 피지배적인 위치에 있든 자기중심의 태도를 바탕으로 인간관계를 맺어야 외로움의 수렁에 빠지지 않는다는 사실을 잊지 말아야 합니다.

앞서 소개한 나카지마 요시미치의 말은 이렇게 이어집니다.

"당신의 슬픔이 아무리 크더라도 다른 사람들의 동정심 속에는 반드시 경시하는 마음이 섞여 있다. 남의 동정을 받기보다는 스스로 용기를 가져라. 운명은 한탄하는 사람에게는 가혹하고, 용기 있는 자에게는 길을 열어준다."

남들이 아무리 따뜻한 말로 동정을 베풀더라도 그 안에 어떤 식으로든 경시하는 마음이 섞여 있으니 타인의 동정심을 구하기보다는 용기를 내어 삶의 행로를 가로막는 장벽을 무너뜨리라는 뜻입니다. 그런 사람에게 외로움이나 고립감 같은 감정이 스며들 리가 없습니다.

누구도 내가 원하는 대로
인정해주지 않는다

—
누구라도 좋으니
내 마음을 채워줘!

타자중심으로 살아가는 사람들은 생각의 안테나가 항상 외부 조건이나 타인을 향해 있기 때문에 자기 힘으로 자신의 마음을 채우는 일에 무척 서툽니다. 그런 까닭에 그에게는 다음과 같은 일이 자주 일어납니다.

○ 누군가 나를 사랑해주지 않으면 만족할 수가 없다.

○ 누군가에게 인정받지 못하면 안심할 수가 없다.

○ 누군가 옆에 있어주지 않으면 외로워서 견딜 수가 없다.

○ 어떤 집단에서든 자신이 중심적인 존재가 되어야 한다.

○ 매사에 다른 사람들에게 의존하는 게 당연하다고 생각한다.

이런 식으로 타인이 자기 마음을 채워주기를 원하지만, 그런 희망이 달성되는 일은 거의 없습니다. 다른 사람들이 내가 원하는 대로 반응을 보이는 일은 거의 없기 때문입니다. 저마다 자기 인생을 살기 바쁘기에 남의 인생에 관심을 쏟을 여지가 없다는 사실을 인지한다면 결론은 뻔합니다. 그렇다는 것은, 결국 자신의 마음을 채워줄 수 있는 존재는 자신뿐이라는 얘기입니다.

타인의 관심과 사랑을 받으려는 욕망을 충족시키고자 주위를 두리번거리며 막연히 기다리는 것은 타자중심의 사람들이 가진 전형적인 습관입니다. 이들이 입만 열면 뱉는 불만이 있습니다.

○ 아무리 이야기를 해도 내 말을 들어주지 않는다.
○ 전혀 말이 통하지 않는다.
○ 아무리 말을 해도 공허하기만 하다.
○ 언제나 의견이 일치하지 않아 말해봤자 의미가 없다.

○ 한 번도 내 말에 긍정적으로 반응한 적이 없다.
○ 입만 열면 대립하게 되어 이제 대화 자체를 포기했다.

　이런 불만들이 쌓이면 '세상에 나를 알아주는 사람이 아무도 없다', '이런 기분을 어떻게 하면 좋을지 모르겠다'고 한탄하면서 더 깊은 외로움에 빠지게 됩니다.

　이런 상황들이 반복되면 어느 순간 '아무라도 좋으니 나 좀 구해줘!' 하고 절규하는 상황에 빠지게 됩니다. 외로움이라는 감정이 그를 벼랑 끝으로 몰아세워 옴짝달싹하지 못하는 신세가 되게 하는 것입니다.

　하지만 이렇게 묻고 싶습니다. 과연 정말로 삶의 벼랑 끝으로 내몰린 것일까요? 도저히 구제받을 수 없는 절망의 나락으로 떨어진 것일까요?

　그럴 리가 없습니다. 그것은 '내 인생의 주인은 나!'라는 자부심이 아니라 타인에 휘둘리는 삶을 이어온 타자중심의 정신상태가 만들어낸 현실입니다. 그런 상태가 그로 하여금 '나 좀 구해줘!' 하고 소리치게 만든 것입니다.

문제는, 이런 상황에서 내뱉는 하소연이 결국엔 자기를 위한 변명에 불과하다는 것입니다. 그가 내뱉는 말에 귀를 기울여보면 이런 말들이 쏟아집니다.

"사람들이 내 말을 전혀 들어주지 않아."

"동료들이 내 제안을 받아들이지 않아."

"모두들 내 말을 들어줄 마음이 없어."

이런 식의 넋두리를 뜯어보면 한 가지 명백한 특징이 있음을 알게 됩니다. 상대에 대한 배려 없이 일방적으로 자신을 인정해달라는 고집스런 강요만 보인다는 것입니다.

주위 사람들에게 일방적으로 '나를 만족시켜주기 바란다'고 요구하면 언젠가는 그 말을 들어주지 않는 그들에게 실망하게 됩니다. 당신의 희망사항을 곧이곧대로 들어주지 않는 사람이 미워 적대감을 갖게 됩니다.

이는 달리 말해서 스스로 자신의 마음을 채우는 법을 모르기에 생긴 현상입니다. 어떻게 해야 할까요? 남 탓을 하는 습관을 버리고, 이렇게 말하는 습관을 가지면 됩니다.

"내 말을 들어주지 않아도 괜찮아. 내 생각이 중요하니까!"

이것이 바로 자기중심으로 살아가는 사람들의 전형적인 태도입니다. 그러면 자기 삶의 주인은 '남'이 아닌 '나'라는 의식이 강해지기 때문에 남 탓이나 하면서 고립감에 빠지는 일은 사라지게 됩니다. 당신은 어떤 삶을 원합니까?

—
타인이 원하는 대로
되지 않는 것은 당연

한쪽은 'A를 갖고 싶다'고 하고, 다른 쪽은 'B를 갖고 싶다'면서 자기가 원하는 것을 고집하는 상황이라고 합시다. 이때 서로에게 무조건 상대방의 의견을 받아들이라고 했다가는 서로가 자신을 알아주지 않는다고 화를 낼 게 뻔합니다.

이런 식의 대립이 일어날 때는 어떻게 할까요? 이때 '대립'이라는 말이 핵심 포인트입니다. 나는 이렇게 묻고 싶습니다.

"이 상황이 당신이 생각하듯 정말로 대립하는 것일까요?"

이때 타자중심의 입장에서 바라보면 '내가 A라고 주장하고, 상대가 B라고 고집하면 대립이 일어난다', '내게 좋은 일이 상대에게는 나쁜 일이 되고, 상대에게 좋은 일이 나에게는 나쁜 일이 된다'는 식의 이분법적 생각밖에 떠올리지 못합니다.

이것은 '내가 이기면 상대방이 패하는 것이고, 내가 패하면 상대방이 이기는 것이다'라는 발상과 같습니다. 그러면 '나는 A를 갖고 싶다'와 '상대는 B를 갖고 싶어 한다'는 두 가지 문제를 양립시켜 생각할 수가 없게 됩니다.

그러나 자기중심적인 태도는 다릅니다. 자기의 마음에 따른 선택을 하는 것을 기본 개념으로 하기 때문에, 다시 말해서 남의 눈치를 볼 것도 없이 마음이 시키는 대로 결정하고 행동하기 때문에 승리냐, 패배냐의 관점으로 생각하지 않습니다. 자기중심으로 살아가는 사람들의 생각은 이렇습니다.

'이길 수도 있고, 질 수도 있는 거야. 한두 번 패한다고 인생이 망가지는 것도 아니고, 한두 번 이긴다고 해서 영원한

승자가 되는 것도 아니니까. 나는 그저 나만의 길을 당당하게 걸어가면 돼!'

　이야기의 핵심은 '다른 사람들이 내가 원하는 대로 되지 않는 것은 당연하다'는 것입니다. 달리 말하면, '내가 다른 사람들이 원하는 대로 하지 않는 것도 당연하다'는 것입니다.

　이런 관점을 인정하기 시작하면 점차 타자중심에서 자기중심으로 인생의 저울추를 옮겨 세상을 자신의 눈으로 바라보게 됩니다. 문제는 생각을 자기중심 쪽으로 향하도록 하는 습관입니다. 이제 그 이야기를 해보겠습니다.

Chapter 4

자기 자신을 아는 것으로부터
시작하라

항상
'내가 먼저'라는 생각으로

회사에서 동료에게 도움을 청했는데, 그가 '지금은 안 된다'
고 답했습니다. 만약 당신이 타자중심의 태도를 가졌다면
무시당했다는 생각으로 상처받을 수 있습니다.

하지만 당신이 자기중심적인 사고를 갖고 있다면 상대에
게 그럴 만한 사정이 있을 거라는 이해와 함께 그에게 거절
할 자유가 있다는 사실도 인정하게 됩니다.

더구나 상대는 '지금은 안 된다'고 했습니다. 그렇다는 것
은 나중에 도와줄 수 있는 여지가 있다는 뜻이니 '그럼 언제

면 좋겠어?'라고 물어볼 수 있고, 그게 아니면 이렇게 물을
수도 있습니다.

"내가 좀 급해서 그런데, 오늘 중에 비는 시간이 있으면
부탁해도 될까?"

이런 식으로 상대의 사정에 맞춰 다시 요청하면 최대한
예의를 차린 것이니 상대는 큰 문제가 없으면 긍정적인 태
도를 취하게 될 것입니다.

회사라는 조직 안에서는 종종 사소한 의견 차이로 갈등이
생겨 되돌릴 수 없는 관계로 치닫는 경우가 있습니다. 지배
와 의존의 관계인 상사와 부하직원 사이에는 이런 일이 특
히 심합니다.

다짜고짜 서류뭉치를 던지면서 '내일까지 해놔!'라고 말
하는 상사가 있고, 무슨 일을 시키면 마냥 깔고 앉아서 시간
을 질질 끄는 부하직원도 있습니다.

이들 사이의 공통점은 서로가 인정하고 배려하는 인간관
계 소통법을 모른다는 점입니다. 진정한 소통은 상대가 있
어야 하는 것인데, 내가 먼저 상대를 인정하면 더 좋은 관계

로 발전하는 건 당연합니다.

　반대로 상대를 배려하지 않고 무조건 일방통행 식으로 하면 기분 좋은 관계는커녕 불신이 먼저 생길 것입니다. 주위를 둘러보면, 이런 식으로 인간관계를 엉망으로 만드는 사람이 의외로 많습니다.

　이런 사람들은 '내가 먼저 상대를 알아줘야 상대도 나를 알아주게 된다'는 인간관계의 법칙과는 한참 거리가 멀기에 조직 안에서 왕따를 당하기 딱 적당한 부류입니다.

　기분 좋은 소통의 비결은 '내가 먼저'라는 의식에 있습니다. 자존심 때문에 가만히 팔짱을 낀 채로 있으면서 상대에게 먼저 손을 내밀라는 태도로는 소통은커녕 멸시를 당하기 십상입니다.

—
스스로에게 솔직해지면
생기는 일들

"혼자 있는 것은 외롭지만, 다른 사람들과 함께 있는 것은 더 피곤해요."

심리상담에서 인간관계 어려움을 호소하는 사람들은 대개 이런 말을 합니다. 그런데 대화를 나누다 보면 타인과의 관계에 서툰 사람은 자신과의 관계에도 서툴다는 사실을 발견하게 됩니다.

그들은 자신을 다루는 방법이 서툴러 곤경에 처하면 지나치게 자신을 가혹하게 대하거나 필요 이상으로 엉망인 존재로 취급합니다. 그들은 이렇게 말합니다.

"그럴 줄 알았어. 나 같은 인간이 그렇지, 뭐……."

"나는 왜 매번 이런 식일까? 정말 구제불능이야!"

"이런 일이 한두 번도 아닌데, 실망할 일도 아니지……."

당신이 만약 이런 식이라면, 자신과 대화하는 시간이 필요합니다. 어떤 주제든 상관없습니다. 자아 속의 또 다른 자신을 끄집어내어 대면 면접을 보듯이 묻고 대답하는 대화를 나눠보세요.

나에게 무슨 문제가 있는지, 어떻게 처리했는지, 왜 그런 선택을 했는지 친절하고 따뜻한 말로 질의응답을 해보십시오. 그런 후에 자신을 응원하는 말을 건네보세요.

"요즘 조금 힘들지만, 아주 잘하고 있어!"

"이 정도로 어려운 일을 혼자 감당하다니, 참으로 많이 성장했구나!"

"이번 일을 끝내면 유럽으로 배낭여행이라도 다녀오자."

이런 습관이 자기중심으로 생각하고 행동하는 자신을 만들어 타인과의 대화에도 능숙하게 대처할 수 있게 합니다. 이런 식으로 자신에게 솔직한 감정을 털어놓듯이 속마음을 내비칠 수 있다면 주위 사람들과 좋은 인간관계를 맺어나가는 게 힘들지 않을 것입니다.

독일 철학자 프리드리히 니체는 《아침놀》이라는 책에서 이런 말을 했습니다.

"자기 자신을 정확히 아는 것으로부터 시작하라. 자기 자신에게 거짓말을 하지 말고 항상 성실해야 한다. 자신이 어떤 습성을 갖고 있으며, 어떤 반응을 보이는 사람인지 제대로 알아야 한다. 자신을 제대로 알지 못하면 사랑을 사랑으로 느끼지 못한다. 사랑하기 위해, 사랑받기 위해, 자기 자신을 정확히 아는 것부터 시작하라. 자신조차 모르면서 상대를 알기란 불가능한 일이다."

자신을 알아야 자기중심적인 태도를 가질 수 있습니다. 반대로 말하자면, 타자중심으로 살아가는 사람은 자신을 제대로 모르기 때문에 항상 의존적인 존재가 되어 살아가는 것입니다.

외로움 때문에 문제라고 호소하는 사람은, 그런 감정도 인생의 한 단면임을 받아들이면 그렇게 심각한 문제가 아니라는 사실을 알게 됩니다.

니체가 '자기 자신에게 거짓말을 하지 말라'고 말하는 대목은 참으로 의미심장합니다. 외로운 감정을 호소하는 사람들일수록 속이 뻔히 보이는 변명이나 핑계를 대며 자신의 본래 모습을 감추는데, 그래서는 안 됩니다.

'사랑하기 위해, 사랑받기 위해, 자기 자신을 정확히 알라'는 니체의 충고는 자신을 정확히 아는 작업으로부터 외로움을 벗어던지고 사랑하고, 사랑받는 존재로 거듭날 수 있음을 가르쳐줍니다.

∙
∙
∙

자기 자신에게 솔직해지면,

주위 사람들과 좋은 관계를 맺어 나가는 게

고통스럽지 않게 된다.

3

당신의 외로움은 어떻게 시작되었나?

외로움이라는 이름의
바이러스

• • •

올해 서른 살인 중학교 여교사 나가이 마츠코는 눈물이 많다. 어려서부터 감수성이 뛰어나다는 말을 자주 들었지만 그 감수성이 하필이면 눈 쪽으로 몰려서 걸핏하면 펑펑 눈물을 흘린다.

그녀가 우는 이유는 아주 많다. 영화나 드라마를 보다가 슬픈 장면이 나오면 슬퍼서 울고, 억울한 일이라도 당하면 자신의 의견을 내놓기보다는 너무 억울해서 또 훌쩍거린다.

하지만 뭐니 뭐니 해도 가장 눈물이 많이 날 때는 혼자만의 시간에 어김없이 찾아오는 외로움 때문이다. 한밤중에 불현듯 외롭다는 느낌에 사로잡히면 손수건이 푹 젖도록 울곤 한다.

돌아보면, 그녀가 외로운 감정에 시달려온 지는 한참 되었다. 어려서부터 혼자 있는 걸 좋아했고, 이것이 습관이 되어 어른이 되어서도 여러 사람들과 섞이면 불편할 때가 많아 혼자만의 공간으로 도망치기 예사였다.

사회생활을 할수록 이 문제는 정말 고민이었다. 인간관계에 서 툴기에 다른 사람 앞에 나서는 게 죽기보다 싫으니 말이다. 그런 성격에 어떻게 교사가 되었냐고 묻는다면 할 말은 많다.

그녀는 가르치는 것을 좋아했다. 초등학교 때부터 수학에 탁월한 성적을 보인 경력을 살려 수학교사로 일하는데, 어린 학생들과 함께 어려운 수학 문제를 하나하나 풀어가며 이야기를 나눌 때가 제일 마음 편하고 좋았다.

아이들은 그녀가 사람들 앞에 나서는 걸 끔찍이 싫어한다는 사실을 모를 것이다. 그녀가 외로움이라는 감정의 바이러스에 붙잡혀 매일 밤을 눈물로 지새운다는 사실도 모를 것이다.

겉으로 보면 그녀의 교사생활은 참으로 평온하다. 출근하고, 일하고, 퇴근하고, 이런 일과를 시계추처럼 반복하는 그녀의 삶을 보며 어느 동료교사는 일관되고 안정된 모습이 참 보기 좋다며 부러워했다.

그러나 그녀는 모든 건 명백히 위장전술이자 가식으로 가득한 삶이라고 생각한다. 그녀는 자신의 그런 면이 정말 싫다. 그래서 때로 그녀는 혼자만의 시간이 되면 자신을 향해 '위선자!'라고 퍼붓곤 했다.

그녀는 스물다섯 살 때 짧은 연애에 빠졌다가 헤어졌는데, 그때 남자가 마지막으로 해준 말은 '너랑 함께 있으면 너무 심심해! 그래서 정말 피곤해!'였다. 별로 말도 없고, 걸핏하면 눈물을 흘리는 여자를 좋아할 남자는 별로 없을 테지만 그 말의 상처는 너무 깊었고, 오래 갔다.

그날부터 자신을 재미없는 여자로 낙인 찍어버린 그녀는, 이제는 혼자 있는 시간의 지겨움을 운명이라 감당하며 살아간다.

마음 깊이 새겨진 고립감은 타인의 시선을 심하게 의식하는 습관으로 이어졌다. 그렇기에 맨 처음 가는 곳에서도 남의 시선을 피하려면 어디로 도망쳐야 할지부터 궁리한다.

외로움이 만들어내는 부작용은 그밖에도 많다. 웬만한 일은 대부분 자기 탓으로 돌린다. 남 탓을 해봤자 어차피 얘기가 진행이 안 될 테니 아예 자기가 먼저 인정해버리는 것이다.

언제까지 이렇게 살아야 할까? 언젠가는 결혼을 해야 할 텐데, 이런 마음 자세로 결혼한다 해도 남자와 진정으로 행복을 나눠가질 수 있을까? 아니 나 같은 여자를 좋아할 남자가 있기나 할까?

그런 생각만 하면 금세 머리를 흔들게 된다. 그럴 리가 없을 테

니 말이다. 그러면서 또 생각한다. 외로움이라는 감정을 꼭 이겨
내야 하나? 외로우면 외로운 대로 살아가면 되지 않나?

때로는 이렇게도 생각한다. 앞으로의 삶을 위해, 무조건 후퇴만
하지 말고 이제 가끔은 사람들 속으로 걸어 들어가는 방법을 배우
자고 말이다. 그리고 너무 자주 울지 않겠다는 다짐도 한다. 그래
서 때로 거울을 보며, 또 다른 나가이 마츠코에게 이런 말도 한다.

"외로움은 질병도 아니고 바이러스도 아니야. 그건 그저 내게
유난히 많은 하나의 감정일 뿐이야."

그러면 어디선가 이런 대답이 들려오는 것 같다.

"그래, 너무 자책하지 말고, 자기 마음을 더 자주 어루만지며 살
아가면 돼. 힘내!"

Chapter 1

어릴 때 인내심을
너무 강요당하면 생기는 일

—

자기부정과 고독감은
일란성 쌍둥이

'자기부정'이라는 심리학 용어는 말 그대로 자신의 존재를 부정하는 것을 뜻합니다. 심리학자들은 자신에 대해 비판적인 입장을 취하며 끝도 없이 의심하는 태도가 고착되면 곧바로 외로움과 연결된다고 말합니다.

"자기부정이 심한 사람일수록 자신이나 주위 사람들, 나아가 사회 전체를 믿지 못하기 때문에 어느 조직에 속하든 고립감이 심하고, 그것이 배타적인 태도를 낳는다."

그들은 왜 자기 자신을 부정하는 걸까요? 자신을 인정하고 높이 평가해도 힘는 세상에서 왜 자기에게 그렇게 가혹한 평가를 내리는 것일까요?

만약 당신이 지금 어떻게든 자신을 부정하지 않고는 못 참는 성격이라면, 도대체 왜 그런 사람이 되었는지 생각해 본 적이 있습니까? 그 대답은 당신의 과거에서 찾아낼 수 있기 때문에 이런 생각은 매우 중요합니다.

예를 들어 공공장소에서 아이들끼리 장난감을 서로 갖겠다고 다투면, 이를 본 아이의 부모는 대개 친구에게 양보하라고 말합니다. 이런 부모의 태도가 반드시 옳은 걸까요?

부모는 자식이 다른 아이들과 사이좋게 지내기를 바라는 마음에서 그렇게 말한 것이지만, 아이에게 이런 일이 자꾸 반복되면 사이좋게 지내고 싶다는 마음보다는 부모에게 주의를 받았다, 야단을 맞았다는 생각이 더 강하게 남을 수 있습니다.

아이는 부모에게 '양보하라'는 말을 들으면 의지와 상관없이 따를 수밖에 없습니다. 아이에게 부모는 절대적인 힘을 가진 권력자이기 때문입니다.

"양보해, 네가 참아야 해, 고집부리지 마……."

이런 성향이 고착되면, 아이는 성장하면서 만나게 되는 다른 많은 상황에서 당연하다는 듯이 먼저 물러나게 됩니다. 어린 시절의 경험을 통해 익숙해진 습성이 고착되어 타인과의 관계에서 무의식적으로 뒷걸음질하는 쪽을 택하는 것입니다.

그는 정당하게 소유할 권리가 있음에도 소유에 대한 죄책감을 느끼며 양보를 택합니다. 이런 태도는 물건이든, 사람이든, 그 밖의 모든 상황에서 동일하게 일어납니다.

어떤 사람은 그를 보고 배려심이 많다고 할지 모르지만, 진짜 이유는 어린 시절의 경험이 자기부정을 하는 습관으로 이어진 탓에 자신을 당당하게 내세우지 못하는 것입니다. 젊은 부모들에게 육아법의 중요성이 강조되는 이유는 이 때문입니다.

—
부모의 말 한마디가
아이의 성장을 좌우한다

동생이 형의 장난감을 마음대로 가지고 놀려고 하는데, 형은 빼앗으려고 합니다. 그러자 동생은 장난감을 움켜쥐고 발버둥을 치다가 큰소리로 울고불며 형과 맞서 싸우게 되었습니다. 이때 엄마가 끼어들면서 먼저 동생에게 말했습니다.

"이 장난감이 누구 것이지?"

"형 거야."

"형에게 빌려달라고 했어?"

"했어!"

"(형을 쳐다보며)맞아?"

"말은 했지만, 빌려주고 싶지 않아."

이때 엄마가 빌려주고 싶지 않다는 형의 주장을 그대로 인정하면 어떻게 될까요? 동생에게 형이 빌려주고 싶지 않다고 하니 이제 그만 포기하라고 하면, 형은 엄마가 빌려주고 싶지 않은 마음을 인정함으로써 소유물을 지켜냈다는 뿌듯함을 느낄 수 있을 것입니다.

반면에 동생 입장은 어떨까요? 엄마가 형의 편만 들어서 화가 나면서도 다음과 같은 엄마의 말이 뇌리에 남을 것입니다.

"남의 물건을 가지고 놀 때는 너보다 상대방의 생각을 우선해야 한단다."

이런 대화에서 특히 중요한 점은 형이 엄마에게서 자신에 대한 긍정적인 감정을 맛볼 수 있었다는 것입니다. 하지만 여기에도 문제는 남습니다.

이때 만약 시간을 들이면서 대화를 통해 해결하기보다 한 번에 상황을 종료시키는 방법으로 형에게 당장 양보하라고 했다면 어떻게 될까요?

물론 그런 방법으로도 해결될 수도 있지만, 설득 과정을 생략하면서 일방적으로 양보를 강요하면 형은 엄마에게 소중한 존재로 대접받는다는 느낌을 가질 수 없게 됩니다.

게다가 이런 대우를 받으면 형제 사이에 신뢰 관계가 무너질 수도 있습니다. 그 결과 형제 사이에 불신감이 생겨서 동생은 동생대로 끝까지 고집을 부리며 양보하지 않게 되고, 형은 형대로 악착같이 자기 것을 지키려고 할 것입니다.

필요한 것은 강요가 아니라 각자의 입장을 존중하는 의논입니다. 자기주장을 하더라도 상대에 대한 존중을 앞세우도록 가르치면 아이들의 우애에 금이 가는 일은 없을 것입니다. 이것이 바로 자기중심적인 아이로 키우는 심리 기술입니다.

"그렇게 되면 형만 일방적으로 존중받은 것이니 동생이 너무 불쌍하지 않나요?"

이렇게 말할 수도 있지만, 꼭 그렇지만은 않습니다. 물론 장난감을 양보 받지 못한 동생은 상처를 받았을지 모르지만, 장난감이 원래 형의 물건이라는 사실을 확실하게 가르쳐줌으로써 동생은 형의 물건과 자신의 물건에 대한 구별을 할 수 있게 됩니다. 형의 물건은 형에게 소유권이 있고, 동생의 물건은 동생에게 있다는 사실을 배우게 되는 것입니다.

그런 관계를 서로 인정할 수 있는 것은 서로에 대한 신뢰에서 시작됩니다. 신뢰관계가 축적되면 형은 빼앗기는 것에 대한 두려움을 갖지 않을 테니 동생에게 안심하고 물건을 빌려줄 수 있게 됩니다.

형제의 상황이 이것으로 끝이 아닙니다. 엄마가 동생에게 이렇게 말하면 어떨까요?

"형이 빌려주고 싶지 않은 모양인데, 그래도 다시 한 번 부탁해보면 어떨까? 언제 갖고 놀게 해줄 거냐고 물어보면 어때?"

동생이 그렇게 물으면, 형은 이렇게 답할 가능성이 높습니다.

"내가 돌려달라고 할 때 곧바로 돌려준다면 지금 가지고 놀아도 좋아!"

이 말은 형이 엄마한테 존중을 받았기 때문에 그런 생각을 했다고 할 수 있습니다. 이때 동생은 동생대로 형에게 예의바른 말을 통해 자신의 욕구를 전달한다는 행동 패턴을 배울 수 있게 됩니다.

이런 이야기로 우리가 알 수 있는 사실은 부모가 자신의 물건을 빌려주고 싶지 않은 형의 마음을 이해할지, 일방적으로 빌려주라고 강요할지에 따라 형제의 신뢰관계 구축이 결정된다는 점입니다.

　결론은, 어린 시절의 사소한 경험이 어른이 되었을 때 큰 영향을 끼칩니다. 엄마와 형에게 배제되어 외롭다고 느끼거나 부모에게 소외당했다는 감정이 고통의 씨앗이 될 수도 있습니다.

　이렇듯 존중을 받았다는 감정은 매우 중요합니다. 특히 어린 시절의 다양한 경험을 통해 인간적인 대접을 받는 기분이 쌓이면, 어른이 되어서 설령 혼자가 되는 상황에 처하더라도 쉽사리 외롭다는 감정에 빠지지는 않습니다. 마음속에 켜켜이 쌓인 긍정의 마인드 때문입니다.

• • •

마음속에 긍정 마인드가 쌓이게

가르치는 부모 밑에서 성장한 아이들은

외로운 감정을 그리 심각하게 생각하지 않는다.

Chapter 2

서로 으르렁대면서도
함께 사는 이유

—
혼자 남는다는
두려움 때문에

주변에 만났다 하면 서로 으르렁대며 싸우는 사람들이 있습니까? 한때 사랑하는 마음으로 만나 사이좋게 지내온 연인들이 원수처럼 으르렁거리는 사이가 되었다면, 왜 그렇게 갈등하며 살고 있는 것일까 의문이 생깁니다. 사람들은 그들을 보며 이렇게 말합니다.

"그렇게 서로 미워하느니 헤어지는 게 낫지 않아?"

"같이 지내는 게 힘들면 안 보고 살면 될 거 아냐?"

당사자들은 싸움을 할 때마다 '이번에는 진짜 헤어지자!',

'정말 지긋지긋해!' 하는 말을 쏟아내지만, 막상 현실에서는 깔끔하게 돌아서지 못하고 다시 한 집안으로 들어갑니다. 그들은 대체 왜 그러는 걸까요?

이런 모습은 심리학자의 눈에 혼자 남는다는 두려움 때문에 현실에 집착하는 것으로 비칩니다. 특히 부부관계라면 혼자된다는 것에 대한 공포보다는 지금의 남루한 환경이 더 낫다고 생각하는 것입니다.

"헤어지게 되면 곁에 있어 줄 사람이 아무도 없지 않을까? 앞으로 평생을 혼자 살아야 할지 모르는데, 그건 정말 못 견디겠어!"

이런 풍경도 생각해봅시다. 공원이나 슈퍼, 레스토랑 같은 공공장소에서 부모가 아이에게 이렇게 야단치는 광경을 봅니다.

"뛰면 안 된다고 했잖아!"

"장난치면 안 되잖아!"

"몇 번이나 말해야 알아듣겠니?"

부모에게 이런 말을 듣는 아이는 당장은 그만둘지 모르지만 그 다음엔 어떻게 될까요? 그렇게 한 번 혼이 나면 다시는 소란을 피우지 않게 될까요? 우리는 아이들이 절대 그렇지 않다는 사실을 잘 알고 있습니다.

엄마가 화를 내고 주의를 줄수록 아이는 부정적인 행동을 멈추지 않습니다. 부모의 일방적인 명령이 아이에게 반발심을 불러일으켜 반대 방향으로 치닫게 만들기 때문입니다.

아이가 쏜살같이 도망치면 엄마가 허겁지겁 뒤쫓는 모습도 자주 보는 풍경입니다. 엄마가 맹렬히 뒤쫓지만 아이는 깔깔거리며 도망칩니다. 어린 시절의 당신도 그랬을지 모릅니다. 그런 식으로 자신의 행동에 엄마가 반응해주는 걸 즐겼을지 모릅니다. 이때 아이들은 어떤 심리일까요?

여기엔 야단치면 칠수록 도 아이가 점차 그런 상황에 익숙해진다는 문제가 있습니다. 부모가 아이를 심하게 제압하려고 하지만 그럴수록 아이는 용수철처럼 튀어오를 뿐입니다.

아이가 어떤 행동을 했을 때 부모가 신경질적으로 반응하며 가로막으면 아이는 점점 더 그런 상황에 익숙해집니다. 이때 아이의 마음엔 어떤 그림자가 드리워질까요? 심리학자들은 그런 상황이 반복되면 아이의 마음속에 외로운 감정이 강하게 뿌리를 내린다고 말합니다.

엄마의 손을 뿌리치고 혼자 내달리는 아이에게는 독립심보다는 고립감이 심화되는 모순적인 감정이 자라기 때문입니다. 그때 아이는 '엄마의 제지를 벗어났다!'가 아니라 '엄마는 왜 항상 나를 가로막을까?'라는 의문부호를 달게 됩니다.

성인이 되어 남보다 자주 외로움이나 고립감을 느끼는 사람들은 어린 시절의 기억, 부모의 지나친 간섭과 억압을 받은 경험이 있는지 돌아보면 해결의 열쇠를 쉽게 찾을 수 있을 것입니다.

—
어떻게 긍정적인
인간관계를 맺을까?

아이들은 부모가 없으면 살아갈 수 없기 때문에, 부모에게 억압이나 무시를 당하는 상황은 아이들에게는 엄청나게 두

려운 일이 됩니다. 그것은 어쩌면 평생을 가는 고립의 낙인
이 찍히는 일일지도 모릅니다.

그 때문에 아이들은 부모에게 사랑받기 위해 온갖 노력
을 다합니다. 그러면 대부분의 부모는 아낌없이 사랑을 주
어 아이의 기대에 부응하지만, 만약 부모가 아무 반응도 보
이지 않으면 어떻게 될까요?

부모를 기쁘게 해줄 긍정적인 언행으로도 사랑이나 관심
을 얻지 못하는 아이에게 남는 것은 한 장의 카드밖에 없습
니다. 바로 부정적인 언행을 선택하는 것입니다.

집안을 엉망진창으로 어질러놓거나 일부러 엇나가는 행
동을 하고, 좀 더 커서는 온갖 불량한 짓을 하는 등 아이는
어떻게든 부모의 관심을 끌려고 부정적인 방향으로 치닫게
됩니다.

이런 습관이 쌓여서 10대를 거쳐 20대 이상의 나이가 되
면 어떻게 될까요? 부모의 억압이나 냉대라는 작은 시작으
로부터 이제 세상을 떠들썩하게 하는 커다란 비극의 주인공
으로 진화합니다.

어쩌면 그의 잠재의식 안에는 버림을 받을지 모른다는 공포감이 계속 치받쳐 올라오고, 그런 두려움으로부터 도망치기 위해 온갖 형태의 부정적인 실험을 지속하는지 모릅니다.

여기서 알 수 있는 사실은, 어린 시절에 긍정적인 관계를 만드는 방법을 배우지 못한 사람은 어른이 되었을 때 아무리 노력해도 성공 확률이 떨어진다는 점입니다. 자신도 모르게 배양된 부정적인 사고방식 탓에 주위 사람들과 자꾸 대립하게 되고, 그럴수록 더욱 외로운 신세가 되어버립니다.

지금까지의 설명으로 당신의 마음속에 끝도 없이 외로움이 번지는 이유를 알았다면 이제 필요한 것은 치유를 위한 노력입니다. 다음 장에서는 외로움, 슬픔, 불안, 공포, 짜증 같은 부정적인 감정들을 다스리는 방법을 알아보겠습니다.

나를 만만하게 볼지 모른다는
두려움

—
부정적인 감정은 반드시
표현하라

마음속에 버티고 있는 부정적인 감정들을 남에게 섣불리 내뱉다가 인간관계가 나빠지면 어떻게 하나 걱정하는 사람들이 많습니다. 나약한 소리를 함부로 내뱉었다가 상대방이 만만하게 볼지 모른다는 생각에 그런 감정을 꽁꽁 숨기고 일부러 강한 척하는 사람도 흔합니다.

사실 사회생활을 하면서 순간순간 자신의 감정을 섣불리 표출했다가는 미운 털이 박혀 따돌림을 당하게 될지 모릅니다. 그런 사람은 이런 말을 들을 확률이 높습니다.

"자기 기분을 함부로 내뱉다니 주위 사람을 배려하지 않는 태도가 꼴 보기 싫다!"

"자기감정을 절제하지 못하는 사람이라 중요한 업무를 맡기기 어렵겠군. 언제든 기분 내키는 대로 행동할 테니 이래저래 위험한 친구야!"

"자기감정을 컨트롤하는 데 미숙한 사람이 어떻게 큰일을 하겠어?"

"저 친구는 매사에 제멋대로 행동해서 조직생활이 힘들겠어."

당신이 이런 말을 듣는 게 두려워 마음속에 도사린 부정적인 감정을 털어놓지 못하고 꾹꾹 참고만 있다면, 그런 태도야말로 외로운 기분을 더욱 확장시킨다는 사실을 알아야 합니다.

결론적으로 말해서, 자기의 속내를 있는 그대로 털어놓으며 나약한 모습을 보이는 일은 다른 사람들에게 절대 만만하게 보이는 일이 아닙니다. 오히려 악착같이 참기 때문에 다른 사람들과 소통이 되지 않는 고립관계에 빠지고, 실제로는 그런 태도가 더 만만하게 보이는 것입니다.

언제 어디서나 함부로 부정적인 언행을 일삼거나 공격적인 태도를 보이라는 말이 아닙니다. 예를 들어 당신이 누군가에게 '왜 네 멋대로 이렇게 결정했지?' 하고 날카로운 감정을 담아 추궁했다고 칩시다.

당신이 이렇게 말한 이유는 상대가 어떤 문제를 한 마디 말도 없이 결정한 일이 당신을 무시한 거라는 언짢음 때문입니다. 하지만 말투만 조금 바꾸면 얼마든지 상황을 바꿀 수 있습니다. 화를 내기 전에 일단 자신의 마음을 있는 그대로 솔직하게 표현하면 어떨까요?

"왜 내 의견을 묻지도 않고 이런 결정을 했는지 설명해줘."

이렇게 말하는 데에는 조금의 나약함도 보이지 않을 뿐더러 오히려 단호함이 엿보일 정도로 강한 모습입니다. 그렇다는 것은, 외로운 감정에 자주 흔들리는 사람은 자신의 말투를 하나만 바꿔도 전혀 다른 상황을 만들어낼 수 있다는 뜻입니다.

당신이 이렇게 나가면 상대는 그런 결정을 내릴 수밖에 없었던 이유를 설명할 테니, 계속 서운한 기분인 채로 상대에 반감을 갖는 일은 없을 것입니다. 이런 환경을 연출하는

것만으로도 당신의 자존감은 훼손당하지 않게 되니 일석이
조입니다.

　여기서 중요한 것은 '솔직하게 말하기'입니다. 상대를 설
득하기 위해 노력하라는 게 아니라 자기의 기분을 있는 그
대로 전달하라는 것입니다.
　이런 일이 쌓이다 보면 주위 사람들은 당신을 자기감정을
솔직하게 드러내는 사람으로 이해할 것입니다. 이런 태도를
통해 당신을 함부로 대하는 사람이 점차 사라질 테고, 따라
서 친밀한 인간관계를 구축하는 계기를 만들 수 있을 것입
니다.

——
언어 표현에 서툴다면
글로 소통하라

여자가 추궁하는 말투로 날카롭게 몰아붙이는데 남자가 입
을 꽉 다문 채 아무 말도 하지 않는 연인들의 모습을 흔히
볼 수 있습니다.

"어제 왜 연락하지 않았어?"

이렇게 여자가 물으면 남자는 한 마디 변명도 없이 묵묵히 듣기만 합니다. 그러면 여자는 더욱 화가 나서 언성을 높이지만, 남자는 요지부동입니다. 남자는 이런 식으로 아예 입을 닫아버림으로써 벌을 받는 모습을 보이는 게 유리하다고 생각하는지도 모릅니다.

하지만 이런 태도는 여자로 하여금 더 심하게 추궁하고 싶어지게 만드는 것입니다. 무시당한다고 생각하기 때문입니다. 어떤 여성들은 걸핏하면 이런 상황을 연출하여 남자를 꼼짝 못 하게 만들기도 합니다.

한 여성이 상담실에 찾아와 자기가 남자친구를 너무 심하게 대하는 것 같다며, 이런 습관에서 벗어날 방법을 물었습니다. 여자는 남자를 진정으로 사랑하지만 그를 몰아세울 때마다 묘한 쾌감을 느끼게 되는데, 속으로는 그만큼 죄책감도 커진다고 말했습니다.

이렇게 '추궁한다 → 입을 다문다'는 관계가 고착되면 두 사람의 관계는 조만간 벼랑 끝으로 달리게 됩니다. 여자의 추궁과 남자의 침묵에 담긴 공통적인 감정은 다름 아닌 고립감이기 때문입니다. 사랑하는 사이인데도 만나면 외로움을 느낀다고 털어놓는 경우가 많은 것은 바로 이 때문입니다.

"그 사람을 마음 깊이 사랑하지만 만날 때마다 싸우게 되고, 그런 만남이 지속될수록 외로움이 깊어져요."

여자만 그런 게 아닙니다. 한 남자는 이런 말을 했습니다.

"여자친구의 예민한 성격에 맞추다 보니 날이 갈수록 '나는 뭔가?' 하는 생각이 들어요. 분명히 좋아하는 사이지만, 시간이 갈수록 외롭다는 기분을 떨칠 수가 없네요."

해결책은 없을까요? 처음의 순수했던 관계로 돌아가기 위해서는 서로의 속내를 솔직하게 표현하고 들어주는 것이 필요하고, 내 입장보다 상대의 마음을 우선하는 예의와 배려도 필요합니다.

나는 이런 문제로 상담실을 찾는 연인들에게 '편지 쓰기'를 권합니다. 직접 대면하면 입이 열리지 않는 어색한 사이라도 편지라면 얼마든지 가능하기 때문입니다.

"나의 행동 때문에 우리 관계가 틀어지지 않을까 걱정이 돼. 너를 향한 마음은 변함이 없으니 너그럽게 이해해줘."

사랑하는 관계를 계속 어이가고 싶다면 이런 식으로 솔직하게 자신의 마음을 표현하는 습관이 쌓여야 합니다. 여기서 강조하고 싶은 말은 피차에 부정적인 모습이 쌓이도록 방치하지 말라는 것입니다.

그때그때 솔직하게 밖으로 표현하여 스스로 부정적인 감정에 매몰되는 일이 없어야 합니다. 부정적인 감정들을 쌓아두면 점차 쓰레기의 산처럼 거대해져서 외로움을 심화시키는 원인이 된다는 점을 잊지 마십시오.

4

자기 자신을 사랑한다는 것

무엇부터
뜯어고쳐야 할까?

• • •

도쿄의 어느 동네에서 20년째 우동가게를 운영해온 와타나베 씨는 요즘 걱정이 많다. 얼마 전에 길 건너편 대형건물에 유명한 프랜차이즈 식당이 들어섰기 때문이다.

그렇지 않아도 최근 들어 단골손님이 하나둘 발길을 끊어 근심이 많았는데, 전국적인 명성의 식당이 코앞에 들어섰고, 그 가게의 주 메뉴 가운데 하나가 우동이라니 문제가 보통 심각한 게 아니었다.

어떻게 하지? 가족회의까지 열며 대책을 찾아보았지만 무엇 하나 뚜렷한 해결책이 나오지 않았다. 그때마다 마음에 들어차는 허탈함과 고립감 때문에 현기증이 날 정도였다.

그렇게 두 달, 석 달이 흘렀다. 새로 생긴 식당은 날로 번성해갔고, 반대로 그의 우동가게는 파리만 날리는 날이 많았다. 어느 날 와타나베 씨는 도끼눈을 뜨고 길 건너편 식당을 노려보다가 문득 궁금해졌다.

정말 내가 만드는 우동보다 맛이 있을까? 그동안 몹시 궁금했
지만 무시 전략으로 나가려고 철저히 외면해왔고, 자존심 때문에
다른 누구에게도 그 식당에 대해서는 언급을 회피했다.

그런 고집에는 자기 요리에 대한 자부심에다 이러다 단골손님
들마저 끊겨 버려질지 모른다는 위기감, 그리고 그 식당의 주인에
대한 반감 등 복잡 미묘한 감정이 섞여 있었다.

그러던 어느 날 오랜만에 놀러온 손녀가 길 건너편 건물에 큼지
막하게 걸린 프랜차이즈 식당의 간판을 보고는 한 번 가보자고 졸
랐다. 그 순간, 노여움이 일기도 했지만 다른 한편으로는 궁금하
기도 했다. 저 식당은 왜 이렇게 번성하는 것일까?

와타나베 씨는 아이의 손을 잡고 그 식당으로 들어갔다. 제법
많은 손님들로 북적대고 있었다. 자신의 우동가게의 한적한 분위
기와 완전히 비교되는 풍경이어서 속이 쓰렸지만, 아무튼 종업원
의 안내를 받아 구석자리에 앉았다.

그런데 그때였다. 식당 한쪽에서 30대 중반의 사내가 와타나베 씨에게 다가와 정중하게 인사를 했다. 누구시더라? 와타나베 씨가 눈으로 묻자, 그가 천천히 입을 열었다.

"저는 이 식당의 대표입니다. 사장님께서 기억하실지 모르겠지만, 저는 어렸을 때 아버지 손에 이끌려 사장님의 우동가게를 자주 갔었답니다."

와타나베 씨는 기억을 한참 더듬어 그의 소년 시절 모습을 찾아낼 수 있었다. 그가 다시 말을 이었다.

"진즉 인사를 드렸어야 하는데 죄송합니다. 오해하실지 몰라 말씀드리는 건데, 사실 저희 식당에서 주 메뉴는 우동이 아닙니다. 프랜차이즈 본점의 메뉴에 우동 상품이 있기는 하지만 저희 식당에서는 사장님의 가게를 배려해서 적극적으로 권하지 않는답니다."

와타나베 씨는 뭔가 묵직한 둔기로 머리를 맞은 듯한 충격을 받았다. 그렇게 걱정하며 증오심까지 품었던 프랜차이즈 식당에서 정작 우동은 주력상품이 아니라니 뭔가 크게 속은 느낌이었고, 너무 허탈해서 말이 나오지 않았다.

다음 순간, 감출 수 없는 부끄러움 때문에 얼굴이 붉어지고 말았다. 자신이 진짜 패배자라는 생각에 얼굴을 들 수가 없었다. 손녀가 시킨 음식을 먹는 둥 마는 둥 하다가 거리로 나온 와타나베 씨는 건너편에 있는 자신의 우동가게를 바라보았다.

초라한 외관에 낡아빠진 간판이 눈에 들어왔다. 단골이 아니면 한 번 마음을 주기도 힘들 것 같은 허름함이 와타나베 씨가 봐도 눈에 거슬렸다. 반면에 화려한 색상의 프랜차이즈 식당의 간판은 누가 봐도 식욕을 부추기는 것 같았다.

문제는 상대가 아니라 자신에게 있었다. 그동안 와타나베 씨가 갖고 있던 자부심이 얼마나 허상이었나를 생각하면서, 그는 무엇을 바꿔야 할지 구상해보았다. 당연히 와타나베 자신의 마인드부터 뜯어고쳐야 할 것이다.

현재에 만족해서는 변화하는 고객의 니즈를 찾아낼 수 없고, 그러면 발전은커녕 퇴보하는 나날을 거듭할 수밖에 없다. 그동안 고집해온 우동 만드는 요리법부터 근본적으로 바꾸지 않고는 안 될 것이다. 가게로 돌아가는 발걸음이 최근처럼 그렇게 쓸쓸하지 않았다.

Chapter 1

자기신뢰감이
중요하다

자기 자신을
좋아한다는 것

누구나 자기 자신을 사랑하고 싶은 욕구가 있습니다. 마찬가지로 다른 사람들을 사랑하고 싶다, 다른 사람들로부터 사랑받고 싶다, 나아가 누군가와 사랑을 나누고 싶어 하는 욕구도 있습니다.

　이런 감정은 인간의 기본적인 욕구이기 때문에 항아리에 물이 차듯 충족되지 않을 때는 공허감과 함께 외롭다는 기분에 휩싸이게 됩니다.

　사랑이라는 주제는 원래 너무 추상적인 개념이어서 어떻

게 하면 좋을지 모를 때가 많습니다. 그중에서도 특히 '자신을 사랑하라'는 말을 들으면, 정답이 무엇인지 알 수가 없습니다. 그래서 사람들은 이렇게 말합니다.

"어떻게 하면 나 자신을 온전히 사랑할 수 있는지 모르겠어."

"어디까지 나 자신을 사랑해야 하는지 잘 모르겠어."

"나 자신을 너무 사랑하면 이기주의로 비치지 않을까?"

"나를 보고 자기만 아는 사람이라고 하면 어쩌지?"

독일의 심리학자 월터 트로비시Walter Trobish는 《너 자신을 사랑하라》에서 이렇게 썼습니다.

"상대방과 오랫동안 좋은 관계를 유지하는 사람은 자신의 행동이 얼마나 사랑스러운지 신경 쓰지 않는다. 애정에 대한 자신의 욕구나 다른 사람들의 행동을 사랑과 결부해서 생각하지도 않는다. 항상 친절하고 상냥하다고 해서 사랑이 싹트는 것도 아니고, 상대방이 나의 눈높이에 맞추려고 안간힘을 쓴다고 해서 사랑이 움트는 것도 아니다. 상대가 자기의 잠재력을 꽃피울 수 있도록 도와주는 사랑, 상대의 한계를 이해해주고 상대의 상처를 치유해주는 사랑, 인생의 초반에 생겨나서 아직까지 치유되지 못한 원한, 노여움, 그리고 애정에 대한 한없는 갈망으로부터 자유롭게 해주는 사랑······. 결국 사랑의 단 하나의 진실한 목표는 정신적인 성장이고 개인적인 발전이다.”

이 말의 결론은 사랑이라는 개념을 머리로만 이해하려고 해서는 안 된다는 것입니다. 정신적인 성장이나 개인적인 발전은 우리의 머리가 아니라 심장이 맡고 있는 일이기 때문입니다.

월터 트로비시는 책에서 ‘자기신뢰’를 힘주어 강조합니다. 있는 그대로의 자신을 사랑하면서 그 마음 그대로를 상대에게 전하는 일이 무엇보다 중요하다는 것입니다.

심리학에서는 이를 ‘자기긍정감’이라고 부릅니다. 진정한 자기긍정감은 ‘나는 소중한 존재이며, 가치 있는 인간이라고 스스로 자신을 인정하는’ 것입니다. 남들이 알아주기 이전에 스스로가 그런 존재라고 생각하는 것입니다.

그런 사람은 자신의 행동에 별로 신경 쓰지 않고, 다른 사람들의 행동 또한 염두에 두지 않습니다. 그렇기에 월터는 자신의 모습 그대로를 사랑하는 것이 외로운 감정을 쫓아내는 지름길이라고 강조합니다.

자기긍정감의 반대는 자기부정입니다. 나는 안 돼, 나는 할 수 없어, 나는 틀렸어, 나 같은 게 어쩌겠어……. 이런 식의 부정적인 말을 남발하여 긍정감으로 향하는 의지를 약화시켜 버립니다.

공부를 열심히 하기로 했는데, 그만 일찍 잠들고 말았습니다. 그러면 '에이 오늘은 망했다! 내가 뭐, 그렇지!' 하면서 하루 종일 공부와는 담을 쌓는 행동을 합니다.

이렇게 자신이 의지대로 하지 못했다는 사실에서 후회나 좌절 같은 부정적 감정을 찾고, 그런 감정이 다시 의지력을 더욱 떨어뜨리는 악순환을 만들어버립니다.

일찍 잠드는 바람에 원하는 만큼 공부를 하지 못했다면, 이튿날 다시 시도하면 됩니다. 작심삼일이라는 말도 있지만, 삼일이 지나서 다시 작심을 하는 상황이 되더라도 자기긍정감을 가지고 자꾸 시도하면 언젠가는 이루게 됩니다.

다른 모든 감정이 그렇듯이 의지력이란 많이 쓸수록 더 많이 생기는 것입니다. 자기긍정감도 마찬가지입니다. 자기

긍정감이 의지력을 키우고, 의지력은 더 큰 자기긍정감을 만들어내는 선순환의 고리가 생깁니다. 자기 자신을 좋아하게 되는 상황도 이와 똑같은 과정을 거치게 됩니다.

—
어깨의 힘을 빼고
하늘을 바라보라

이 책의 키워드인 '자기중심 심리학에 기초한 착한 이기주의'는 자기 자신을 온전히 사랑하는 태도로부터 출발합니다.

캐나다의 심리학자 앨버트 밴듀라Albert Bandura는 '자기효능감self-efficacy'이라는 이론을 제안했습니다. 이것은 어떤 상황에서 적절하게 행동할 수 있다는 기대와 신념을 말하는 심리학 용어인데, 그는 자신을 믿고 사랑하는 사람일수록 자기효능감이 높다고 말했습니다.

"기대감이나 신념은 평소에 자신이 좋아하는 것들에 관심을 집중하면 한층 더 효과를 높일 수 있는데, 이유는 좋아하는 것에 집중하면 창조성이 발현되고 이것이 또 다른 호기심을 낳는 결과를 만들기 때문이다. 이 모든 것의 시작은 한 마디로 말해서 자신을 사랑하는 마음에서 시작된다."

앨버트 밴듀라 박사는 자기 자신을 사랑하는 마음을 유발하는 행동으로 이런 동작을 권합니다.

"어깨의 힘을 빼고 하늘을 우러러보며 맑은 공기를 온몸으로 받아들이고 마음껏 호흡하라. 이런 습관이 쌓이면 자신을 사랑하는 마음이 더욱 상승한다."

나는 심리상담을 위해 찾아온 사람들에게 당당하게 고개를 쳐들고 하늘을 바라본 지가 언제인지를 묻습니다. 이때의 하늘은 머리 위 꼭대기, 하늘의 한복판을 말하는 '중천'입니다.

이 물음에 대한 반응의 대부분은 '언제인지 까마득하다, 언제인지 모르겠다'입니다.

당신이 외로움을 자주 느끼는 타입이라면, 같은 질문에 어떤 대답을 할지 생각해보기 바랍니다. '어깨의 힘을 빼고 하늘을 우러러보며 맑은 공기를 온몸으로 받아들이고 마음껏 호흡하는' 작은 행동으로부터 자기효능감이 생긴다는 말은 바로 당신에게 들려주는 '외로움 처방전'인지도 모릅니다.

남들의 눈에는 극히 사소한 일일지라도 자기가 진짜 좋아하는 일을 하면서 성취감을 느끼는 것도 마찬가지입니다. 이런 식으로 긍정적인 느낌을 맛볼 때마다 현재의 모든 것이 자기 자신을 사랑하고 있는 순간이라고 할 수 있습니다. 그런 감각을 느낄 때 외로운 감정은 끼어들 여지가 없습니다.

1년에 한 차례씩 세계적으로 유명한 사막을 혼자 도보로 답사하는 사람을 알고 있습니다. 15일 정도 걸리는 사막 횡단여행은 철저히 혼자 걸어서 이행하는 것이기에 외로움과의 싸움이라고 할 수 있습니다.

그런데도 그 사람은 이 여행을 위해 꼬박 1년을 준비합니다. 그는 말합니다. 그렇게 혼자 있는 시간이야말로 진짜 자기 자신과 만나는 기쁨의 시간이라고 말입니다.

어깨에 짊어진 배낭의 무게를 감당하면서 한 발 두 발 걸어 나갈 때, 외로움은 자신이 오롯이 만나게 되는 진정한 친구 같은 감정이라고 그는 말합니다. 외롭기 때문에 자신을 정면으로 바라볼 수 있고, 잔뜩 때가 낀 도시에서의 삶을 정화시킬 수 있다고 말합니다.

당신에게 사막 횡단여행 같은 험난한 여정을 권하는 것이 아닙니다. 그 대신 오늘은 한 번 어깨의 힘을 빼고 하늘을 우러러보며 맑은 공기를 온몸으로 받아들이고 마음껏 호흡해보십시오 가슴 저 밑바닥까지 숨을 들이마셨다가 하늘 꼭대기에 닿도록 길게 숨을 내쉬어보십시오.

이런 습관이 쌓여 자신을 사랑하는 마음이 상승하고, 나아가 부정적인 감정까지 털어낼 수 있다면 당신은 가장 값싼 수강료를 지불하고 최고의 심리치료를 받는 셈이 됩니다.

• • •

'외로움 처방전'이라 불리는 자기긍정감은

자신은 소중한 존재이며,

가치 있는 인간이라고 자기를 인정하는 것에서 나온다.

아직도 백마 탄 왕자를
기다리고 있나요?

—
타자승인으로 얻는 만족에는
한계가 있다

미국의 심리학자 윌리엄 제임스William James 는 이렇게 말합니다.

"낮은 자존감은 과도하게 인정받기를 원하고, 필요 이상으로 타인의 애정을 갈망할 때 더욱 심화된다."

자존감이 바닥인 사람들은 타인과 자신을 끝도 없이 비교하면서 사소한 일에도 우열이나 강약에 집착한다는 것입니다. 그런 감각에 집착하다 보면 일상의 모든 행위를 오로지 타인과의 비교에만 주안점을 두기 때문에 매일같이 헐떡이는 일상을 피할 수 없게 됩니다.

그들은 왜 그렇게 타인과 자신을 끝도 없이 비교하면서 살아가는 걸까요? 이유는, 자신의 의식 안에 깊이 뿌리내린 열등감 때문입니다.

열등감에 떠밀려 살다 보면 타자승인으로 얻는 만족감을 찾게 되는데, 애초에 그로 인한 만족감은 질이 낮아서 언제라도 사라질 위험을 안고 있다는 게 문제입니다. 그럼에도 그런 만족감이나마 구하기 위해 끊임없이 타자중심의 삶에서 자극을 찾게 됩니다.

문제는 그것만이 아닙니다. 타자승인을 통해 반복적으로 만족감을 얻는 일도 쉬운 일이 아닙니다. 만족감을 위한 자극 욕구가 한층 강해졌기 때문에 마치 내성이 생긴 듯이 웬만한 만족으로는 기쁨을 느낄 수 없는 것입니다.

이전에 느꼈던 만족감보다 더한 것으로 충족이 되지 않으면, 어느 순간 극도의 부정적인 감정으로 치닫습니다. 그 다음은 뻔합니다. 자기효능감의 부족과 그 때문에 생기는 불안함으로 외로움의 벼랑 아래로 굴러떨어지게 됩니다.

—
신데렐라 콤플렉스

여성들이 이상형을 말할 때 항상 등장하는 표현이 있습니다.
"내 말을 잘 들어주고, 마음이 서로 통하며, 영원히 나만
을 사랑해주는 사람과 평생을 함께하고 싶어요."
이렇게 말하는 여성은 자신이 그런 존재가 될 수 있도록
노력하겠다고는 말하지 않고 '그런 남자가 곁에 있어준다면
행복할 텐데……' 하며 누군가에게 요구할 뿐입니다.

회사에서 얽히고설킨 인간관계 때문에 골치가 아프다는 여
성과 심리상담을 진행하면 공통적인 현상이 하나 있습니다.
"상대가 먼저 나에게 그렇게 해준다면, 그때 나도 해주겠
어요."
일찍이 윌리엄 제임스가 말한 것처럼 과도하게 인정받기
를 원하고, 필요 이상으로 타인의 애정을 갈망할 때 자존감
은 더욱 바닥으로 향한다는 말이 여기서도 적용됩니다. 이
런 사람은 하늘이 두 쪽이 나도 자기가 먼저 악수를 청하는
일은 없습니다. 그건 자존심이 상하는 일이기 때문입니다.

미국의 여성작가 콜레트 다울링Colette Dowling은 '어디선가 백마를 탄 멋진 왕자님이 나타나 불행한 환경에 빠져 있는 나를 구해줄 것이다!' 하고 자신이 신데렐라라도 되는 것처럼 살아가는 여성들이 많다고 말합니다.

"다른 사람의 보살핌을 받고자 하는 심리적 의존 상태가 여성을 억압하는 주요 요인으로 작용한다. 나는 이를 '신데렐라 콤플렉스Cinderella complex'라고 부른다. 이는 주로 억압된 태도와 불안이 뒤얽혀 여성들이 자신의 의욕과 창의성을 제대로 발휘하지 못하는 심리 상태를 뜻한다. 오늘날 많은 여성은 신데렐라처럼 자신의 삶을 바꾸어줄 백마 탄 왕자를 기다리고 있다."

이런 여자는 겉으로 보면 멋진 꿈을 꾸는 것처럼 보일지 모르지만 자신의 행복을 남성에게 의존하고 있다는 점에서 자립정신이 결핍된 가련한 존재일 뿐입니다. 따라서 신데렐라가 그랬듯이 이런 여성은 외로움을 온몸으로 껴안고 살아갈 수밖에 없습니다.

—
남을 위해 나를 가꾸면
생기는 일들

결혼에 대한 열망이 강한 여성은 열심히 자신의 외모를 가꿉니다. 누구보다도 멋진 여자가 되는 게 그녀의 꿈으로, 마음속에는 사회적 지위를 자랑할 수 있는 상대, 다른 사람들이 부러워할 만한 위치에 있는 상대를 만나고 싶다는 열망이 깔려 있습니다. 그녀가 최고 이상형으로 꼽는 남자는 이렇습니다.

"의사나 변호사, 그게 아니면 대기업에 다니면서 고액 연봉을 받는 게 첫 번째 조건이에요. 여기다 머리가 뛰어나고 집안 배경이 좋고, 일류대학 출신에다 얼굴도 잘 생기면 나무랄 데 없는 상대라고 할 수 있지요."

하지만 그녀가 잊고 있는 게 있습니다. 그녀가 이상형의 남성과 결혼하기 위해서는 그와 대등한 위치를 만들어야 합니다. 그런 남자와 나란히 서 있는 자신의 모습을 떠올리면서 그에 어울리는 존재가 되도록 자신을 가꿔야 합니다. 이상형에게 선택받기 위해서는 다른 경쟁자들과 싸워서 쟁취

하지 않으면 안 되기 때문입니다.

시간이 흐르면서 그녀는 점점 자신의 꿈이 이루어지기 힘들다는 사실을 알게 되고, 이제 남는 것은 쓸쓸한 후회와 좌절감입니다. 자신의 내면을 채우기 위해서가 아니라 외부 조건을 충족하기 위해 노력하는 일은 이렇게 허망한 결과를 낳게 마련입니다.

이제 그녀는 서서히 자신이 처한 현실과 타협하게 되겠지만, 어쩌면 그 후유증은 평생을 갈지도 모릅니다. 마음속에 도사린 신데렐라는 쉽게 사라지지 않기 때문입니다.

그런 여자들의 심리를 뜯어보면 다른 사람들보다 뛰어나고 싶다, 우월해지고 싶다는 욕심은 있지만 자기 힘으로는 도저히 그럴 수 없기에 차라리 힘이 강한 자에게 빌붙으려는 비겁함이 숨어 있습니다.

이는 명백한 타자중심의 사고로, 이런 삶이 되면 자기 인생에 자신은 존재하지 않는 비극이 생깁니다. 인생이라는 연극 무대에서 주인공이 아니라 관객이 된다는 얘기입니다.

그런 여성은 데이트를 할 때도 남자의 실제 모습은 눈에 들어오지 않습니다. 그가 앞서 걸어가면 쫓아가기 바쁩니다. 그녀를 전혀 배려하지 않고 앞만 보고 자기 갈 길을 성큼성큼 걸어 나가는 남자에 대해 아무것도 깨닫지 못합니다.

그녀는 남자에게 조금 천천히 걸어가 달라고 요구하지 못합니다. 남자의 그런 모습조차 사회적 지위를 말해주는 것이라고 믿기에 그녀는 남자의 뒷모습을 지켜보는 자신에 만족합니다.

둘의 관계가 이 지경이 되면 남자는 여자의 생각이나 스케줄은 전혀 상관없이 제멋대로 행동하게 됩니다. 자기가 먹고 싶은 대로 레스토랑을 예약했다가 아무렇지도 않게 취소하고, 한밤중에 느닷없이 전화를 걸어 당장 나오라고 명령합니다.

그러면 여자는 남자의 그런 행동조차 리더십이 있다, 나를 알아줘서 그런 행동을 한다고 해석합니다. 이상형을 소유하려는 집착으로 인해 그녀는 상대를 배려하지 않는 무례한 남자, 제멋대로 행동하는 건방진 녀석으로 생각하지 않을 뿐더러 심지어 그런 취급을 당해도 자신이 존중받지 못한다고 생각하지 않습니다.

평생 남자에게 의존할 수 있다는 보증을 받아내기 위해 필사적으로 매달리는 이런 여성은, 혼자 있을 때는 때때로 분을 참지 못하고 감정을 폭발시킨다는 특징이 있습니다.

이유는, 마음속 깊이 스며든 의존적인 심리를 위협받았을 때 아무도 편들어주지 않기 때문입니다. 의존하면 의존할수록 가슴에 켜켜이 쌓이는 불안 심리 때문에 외로움이 들불처럼 번지게 되는 것입니다.

심리학자들은 최근 들어 신데렐라 증후군이 노골적으로 성행하고 있다고 진단합니다. 사회가 불안정하고 미래가 불안해지자 독립심보다 의존적인 관계를 맺기를 원하게 되었다는 것입니다.

자신의 미래에 대한 안전이나 보증을 얻기 위해서는 힘이 있는 자에게 보호받을 수밖에 없고, 이를 위해 수단 방법을 가리지 않고 자신을 지켜줄 대상을 찾아야 한다고 생각한다는 설명입니다.

하지만 이런 사람들이 다다르게 되는 곳에는 파멸밖에 없습니다. 언제나 수동적인 삶을 살면서 '나는 무력하기 때문에 타인이 선택해주지 않으면 행복해질 수 없다'고 자기를 저렴하게 평가하기에 생긴 필연적인 결과입니다.

중요한 것은 이렇게 강한 의존성을 보이는 게 여성만의 문제는 아니라는 사실입니다. 여전히 남성 중심사회인 회사라는 조직이 대표적인데, 많은 직장인들이 권력을 쥔 자에게 허리를 굽히지 않으면 살아남을 수 없다는 노예 근성에 빠져 있습니다.

그들은 아무리 억울한 상황이라도 자존심을 억누르며 자리를 지키려고 안달합니다. 먹고 살기 위해서는 어쩔 수 없다는 자조 섞인 넋두리를 뱉는 일상에는 어쩔 수 없이 외로움의 그림자가 짙게 내려앉게 됩니다.

Chapter 3

자신의 존재감을
확실하게 느끼는 순간

—

존재감은
자기다움에서 생긴다

니체는 《즐거운 학문》에서 이렇게 말합니다.

"하늘에 닿을 듯이 키가 큰 나무들에게 거친 바람과 악천후가 없었다면 그런 성장이 가능했을까? 인생에는 거친 폭우와 뜨거운 햇빛, 태풍과 천둥 같은 온갖 악과 독이 존재한다. 그런 것들은 가급적이면 없는 게 낫다고 말할 수 있을까? 탐욕, 폭력, 증오, 질투, 아집, 불신, 냉담, 그밖의 모든 악조건과 장애물들……. 이러한 악과 독이 존재하기에 우리는 그것들을 극복할 기회와 힘을 얻고, 용기를 내어 세상을 살아갈 수 있을 만큼 강하게 단련되는 것이다."

한마디로 말해서 인간을 둘러싼 외부조건은 그 어떤 것이라도 도움이 될지언정 유해한 것은 없다는 얘기입니다. 거친 바람과 악천후, 폭우와 뜨거운 햇빛, 태풍과 천둥 같은 온갖 악과 독도 결국엔 나를 단련하는 벗이라는 것입니다.

우리 주변엔 아주 작은 장애물과 부딪쳐도 허둥지둥 도움의 손길을 청하는 사람들이 있습니다. 바로 타자중심으로 살아가는 사람들로, 그들은 자신이 너무도 나약한 존재라서 혼자 힘으로 해낼 수 있는 게 아무것도 없다고 생각합니다.

어떤 사람은 '나는 다른 사람들에게 자랑할 만한 게 하나도 없다'고 말합니다. 입만 열면 자신의 부족한 점, 어린 시절의 결핍, 어른이 되어서도 잘 풀리지 않는 인생 여정을 한 편의 비극영화처럼 늘어놓습니다.

그런 식으로 자신을 저평가하는 태도로 살아가면 타인에게 인정받기는 영영 글러버리게 됩니다. 그렇게 위축된 채로 자신을 낮은 자리에 내던지는 사람에게는 누구라도 응원의 눈길을 주지 않을 테니 말입니다.

그런데 이때 누군가 그에게 '아닙니다! 당신은 이런 점이 뛰어나고, 저런 점이 특별합니다! 그리고 당신도 최고가 될 수 있습니다!'라고 말해준다면 어떻게 될까요?

자신을 신뢰하지 않는 사람들은 아무리 희망적인 말을 해 줘도 불신의 눈을 거두지 않습니다. 설령 도전의 자세를 취해도 얼마 못 가서 '내가 잘할 리 없지. 괜히 시작했어……' 하며 끝없이 자신을 의심하고 언제 멈출지를 고민합니다.

자신에게 내세울 만한 게 하나도 없다는 생각은 틀렸습니다. 관점을 바꿔 자기중심의 눈으로 자신을 보면 얼마든지 장점을 찾을 수 있기 때문입니다. 니체는 《인간적인 너무나 인간적인》에 이렇게 썼습니다.

"창조적인 일을 하든 평범한 일을 하든, 항상 밝고 가벼운 기분으로 임해야 순조롭게 풀린다. 그래야 사소한 제한에 얽히지 않는 자유로움이 생기기 때문이다. 평생 이런 마음 자세를 지켜나가면 그것만으로도 많은 일을 이루어내는 사람이 될 것이다."

—
길모퉁이의
작은 카센터에서 배운다

인생 전체를 자기중심의 구도 안에서 운영해나가는 사람은 다릅니다. 헛된 욕망이 없으니 작은 일에도 만족을 느끼고, 웬만한 실패는 의연하게 받아들이면서 자기의 길을 뚜벅뚜벅 걸어갑니다.

자기중심의 심리는 스스로가 자기 자신을 인정하는 삶을 지향하기 때문에 내가 나를 사랑하고, 신뢰하며, 있는 그대로의 나를 인정하면서 내 능력에 만족하게 됩니다.

이런 사례는 우리가 사는 세상 곳곳에서 발견할 수 있습니다. 지방의 소도시에서 보일러 기사로 일하는 사람은 대도시의 대형 건물에서 엄청난 크기의 보일러를 작동시키는 사람보다 실력이 조금 뒤질지 모릅니다. 하지만 그는 그런 인물과 비교하지 않기 때문에 이 도시에서 자신이 최고 기술자라는 자부심으로 살아갑니다.

변두리 길모퉁이의 작은 카센터에서 일하는 노년의 정비공이 거대한 자동차회사의 젊은 정비공과 자신을 비교하지 않는 것도 마찬가지입니다. 오랜 경험으로 생긴 노하우로 정성껏 고객의 자동차를 손보는 보람은 그것 자체로 그에게 행복이기 때문입니다.

자기중심이 지향하는 만족감은 '내 의지에 따라 행동할 수 있어서 자랑스럽다'고 말하는 사람의 것입니다. 그는 '매일 내 꿈을 향해 걸어가는 나 자신이 자랑스럽다'고 말합니다. 이렇게 자신을 소중히 함으로써 만족을 느끼게 되는 일들은 세상에 많습니다.

만약 당신이 지금 어떤 이유에서든 외로움을 느끼고 있다면, 자기중심의 만족감을 실감하는 것 말고는 피할 방법이 없다는 사실을 잊지 말아야 합니다.

이 책에 등장하는 자기긍정감, 자기효능감 같은 말들이 다소 생소할지 모르지만 결론은 하나입니다. 그것은 자신을 믿고, 자신을 사랑하며, 자신을 중심으로 세상을 보는 것입니다.

자기긍정감을 높이는 습관

고독은 전염된다

• • •

소설가이자 칼럼리스트인 아마노 미유키는 올해 서른네 살이다. 대학 졸업 후 잡지사 기자생활을 했지만 틀에 박힌 생활이 싫어서 3년 만에 때려치우고 본격적인 작가가 된 지 8년째다.

벌써 한 권의 소설과 세 권의 에세이집을 출간했다. 그리고 신문사나 잡지사로부터 청탁을 받아 요즘 젊은 여성들의 인생고민에 대해 조언해주는 심리상담 글을 쓰고 있다.

수입은 생각보다 많지 않지만 자유시간이 넉넉하다는 게 최대 장점이다. 한밤중까지 원고를 집필하거나 책을 읽다가 새벽녘에 잠이 들고, 오전 내내 잠을 자다 특별한 약속이 없으면 원하는 시간에 일어난다.

하루 일과는 단순하다. 간단한 브런치로 배를 채우곤 동네 공원으로 느릿느릿 산책을 나간다. 이때 청탁받은 원고를 어떻게 쓸지 구상하는데, 그러다 공원 끝자락의 카페에 들른다.

밝은 미소가 아름다운 50대 중반의 카페 주인은 매일 비슷한 시간에 나타나는 미유키를 반갑게 맞으며 늘 이렇게 말한다.

"기분이 좋아 보이시네요!"

그러고는 그녀가 좋아하는 카푸치노 한 잔을 내놓는다. 그러면 늘 앉는 구석자리에 앉아서 아주 천천히 마신다. '기분이 좋아 보이시네요.' 늘 따뜻하게만 들리던 그 말이 언젠가부터 뇌리에 남아 마음을 흔든다. 사실은 그렇지 않다. 그녀는 요즘 기분이 정말 별로다.

한 달 전에 소설 원고를 완성해서 출판사에 보냈는데, 일주일 전에 담당자로부터 연락이 왔다. 내용을 대폭 수정해달라는 요구였다. 작가의 원고를 수정해달라니, 그건 사실 작가의 자존심을 뭉개버리는 요청이었다.

그 소설의 주제는 현대를 살아가는 여성들이 무료하고 외로운 일상을 견디지 못하고 일탈하는 과정을 그린 내용으로, 잡지사 기자생활을 할 때부터 마음에 담아두었던 주제였다.

오늘을 사는 여성들이 어디든 속하지 못하고 조각배처럼 떠도는 모습을 그린 작품의 초고를 받아보고 출판사 담당자는 대단히 훌륭하다는 반응을 보였었다.

하지만 막상 완성된 뒤에는 등장인물들의 성격 묘사가 지나치게 암울하고, 이야기 흐름이 너무 느려서 속도감 있게 읽히는 소설을 좋아하는 요즘 독자 트렌드에 맞지 않는다는 이유로 퇴짜를 놓은 것이다. 두 가지 길이 있었다. 편집자의 말대로 원고를 대폭 수정하느냐, 아니면 돌려받느냐. 둘 다 쉬운 일이 아니라서 그녀는 한숨을 내쉬었다.

기분이 바닥이었지만, 단지 그 일 때문만은 아니었다. 칙칙한 줄거리가 너무 싫다며 담당자가 던진 말이 귀에 거슬렸다.

"사실은 요즘 미유키 씨의 감정 상태를 대변하는 글이 아닌가요? 요즘 미유키 씨를 보면 그런 생각이 들거든요. 표정이나 말하는 내용이 너무 어둡다는……."

내가? 담당자의 말을 듣고 맨 처음 터져 나온 말은 이것이었다. 나는 전혀 그렇지 않은데……. 난 항상 좋은 기분이 되려고 노력하고, 실제로 그렇게 활발하게 살고 있는데…….

그 말이 너무 귀에 거슬려, 며칠 동안 한참을 고민하다 보니 이유를 알 것도 같았다. 소설을 완성하는 데 꼬박 2년이 걸렸는데,

취재를 위해 많은 여성들을 만나 그녀들의 외로움과 고립감을 들으며 감정이입을 위해 엄청나게 노력했었다.

그 때문일까? 남들의 눈에 내가 칙칙하게 보인다면, 혹시 그녀들의 외로운 감정에 전염이 된 건 아닐까? 하지만 직업적인 이유로 만나 단순히 취재를 했을 뿐인데 고독이라는 병에 전염이 된다는 게 말이 되나?

그러다 문득 생각했다. 어쩌면 내게 외로움의 DNA가 흐르고 있는데 외로운 여자들을 상대하다가 이를 계기로 마침내 고개를 쳐든 건 아닐까? 문득 그럴 수 있을지 모른다는 생각이 들었다. 부정적인 감정은 전염성이 강하고, 그로 인한 후유증은 오래 가니까.

그녀는 예전부터 아는 사이인 심리상담 전문의에게 전화를 걸어야겠다고 마음먹었다. 가급적 빨리, 고독이라는 질병이 더 깊이 뿌리 내리기 전에.

Chapter 1

마음이 시키는 대로
산다는 것

—

나만의 판단 기준이 없어
생기는 일들

사람은 살면서 수많은 선택을 합니다. 그런데 선택에는 반드시 후회가 따르기 마련이어서 어떤 선택을 하고 나서, 선택받지 못한 어떤 일에 대해 '그때 그랬어야 하는데……' 하고 후회할 때가 많습니다.

이런 식의 후회가 많은 인생은 실패로 얼룩진 일상을 피하기 어렵습니다. 실제로 우리 주변엔 입만 열면 과거에 놓쳐버린 선택지를 아쉬워하며 그때 그러지 못한 자신을 원망하는 사람이 많습니다.

백화점에서 멋진 옷을 사려고 합니다. 이때 멋진 옷을 발견하고서도 지갑을 열려는 순간, 살지 말지 망설이며 시간을 끌수록 어느 쪽으로 결정하든 개운한 느낌은 들지 않을 것입니다.

"갖고는 싶지만 반드시 필요한 옷은 아니니 돈이 아깝다."

"아니야, 이렇게 멋진 옷을 입으면 남들이 부러워하겠지?"

"그래도 나한테는 너무 비싼 가격인데 정말 사야 할까?"

"모처럼 마음에 드는 옷인데, 지금 구입하지 않으면 나중에 후회하지 않을까?"

이런 식으로 갈팡질팡하다가 마침내 구입을 결정했어도, 집으로 돌아오면서 다시 이런 생각을 하게 됩니다.

"너무 비싸게 산 건 아닐까? 역시 사지 말았어야 하지 않을까?"

"유행이 지나면 입지도 못할 텐데, 내가 왜 그랬을까?"

하지만 이런 후회는 사지 않기로 결정하고 돌아섰을 때도 마찬가지입니다.

"사는 게 좋았을 텐데……. 나중에 갖고 싶을 때 다 팔려서 없으면 후회할 텐데……."

"그 옷을 멋지게 차려입고 맘껏 자랑하고 싶었는데……."

망설임은 어떤 일을 실행하기로 마음을 먹어도, 아니면 포기를 선택해도 반대쪽에 있는 선택지에 미련이 남아서 생깁니다. 그러나 살지 말지는 문제가 아닐지 모릅니다. 어느 쪽을 선택하든 망설이게 된 원인이 중요한데, 망설임은 자신의 욕구나 감정을 기준으로 하지 않았음을 뜻하기 때문입니다.

한 마디로 말해서 어떻게 할지 머리로만 생각해서 결정했기에 선택하지 않은 것에 미련이 생깁니다. 그러니 산다는 행동에 앞서 잠시 멈추고 마음이 시키는 것이 무엇인지 생각해보고, 그에 따른다면 비교적 깔끔하게 포기할 수 있을 것입니다.

마음의 소리를 들어라

외로운 감정이 가슴에 들어찰 때, 그런 기분을 있는 그대로 받아들이고 긍정적인 쪽으로 발전시키지 못하면 부작용이 생기기 시작합니다. 대표적인 것이 바로 분노, 증오, 짜증, 원망 같은 감정들입니다.

부정적인 기분에 사로잡히는 게 습관이 되면, 그런 기분은 틈만 나면 한층 증폭됨으로써 외롭다는 감정에 더 깊이 빠지게 만듭니다. 그들은 이렇게 말합니다.

"나라는 존재에 대해 자꾸 불신감이 들어 다른 사람들의 이목이 두렵고, 그래서 그들 속에 쉽사리 끼어들지 못합니다. 그러면 너무 외로워서 혼자 있는 시간을 견딜 수가 없어요. 그래서 뭔가 자극을 받으려고 게임을 하거나 도박에 빠져도 여전히 고독감을 씻어낼 수가 없어요."

"뭔가 자극을 받지 못하면, 혼자서는 일상에서 즐거움을 발견할 수 없어요. 그런 일상이 반복되면 사람들의 눈길이 무서워서 자꾸만 혼자 있는 시간을 찾게 됩니다. 그러면서 자신을 자꾸 할퀴는 일을 찾게 됩니다."

외부로부터 끊임없이 자극을 원하고 거기서 만족을 발견하려는 행동은 언뜻 보기에는 아주 활달하고 즐거운 인생으로 보일 수 있습니다. 하지만 모든 것은 표면적일 뿐 내면은 항상 고립감과 힘겹게 싸우는 인생입니다.

항상 건강한 표정과 말투로 인간관계를 이어가는 직장인이 퇴근 후에는 허전한 마음을 채우기 위해 술에 찌들어 지내거나 도박이나 마약에 빠지는 경우를 자주 보는데, 바로 외로운 감정에 빠져 있기 때문입니다.

어느 금융회사의 영업과장은 평소에 성실한 직장생활로 상사들의 신뢰가 컸던 사람인데, 알고 보니 수년 간 고객의 예금을 빼돌려 주식투자를 하다가 발각되어 감옥에 들어갔습니다. 그가 수사관들에게 털어놓은 말을 신문에서 보며 마음 한켠으로 짠한 기분을 감출 수 없었습니다.

"매일 똑같은 일상이 반복되다 보니 뭔가 스릴이 있는 사건이 필요했습니다. 워커홀릭으로 살면서 외로운 기분이 들 때마다 그런 일을 통해 짜릿함을 맛봤습니다."

문제는, 번듯한 직업을 가진 사람들 중에 이런 감정에 빠지는 경우가 많다는 것입니다. 심리상담을 하다 보면 이런 감정의 함정에서 빠져나올 방법을 묻는 사람이 아주 많습니다. 그만큼 무료한 일상을 이어가며 외로운 감정을 느끼는 사람들이 많다는 뜻일지 모릅니다. 나의 대답은 이렇습니다.

"부정적인 사고방식에 사로잡히지 않는 나를 만드는 방법을 찾아야 합니다. 나는 그 방법의 하나로 '명상'을 권합니다."

그러면서 나는 명상의 효과에 대해 이렇게 설명합니다.

○ 집중력과 관찰력, 절제력이 높아진다.
○ 몸과 마음의 본질을 이해하는 동안 인지 능력이 높아진다.
○ 감정의 조절을 통해 긍정적 에너지를 생성시킬 수 있다.
○ 두려움이나 공포 같은 부정적인 감정들을 해소할 수 있다.
○ 스트레스나 불안감에 대한 대처 능력이 향상된다.
○ 두뇌 활동의 안정을 통해 정신의 평화를 이룰 수 있다

명상은 내면에 있는 자기만의 의식을 바라보는 과정을 통해 '진짜 나'를 만나는 수련법입니다. 수련 과정에서 들리는 마음의 소리로 가슴에 도사린 부정적인 인식을 씻어낼 수 있다는 점에서 심리학자들이 제일 많이 권하는 외로움 퇴치법입니다.

어쩌면 이 책은 처음부터 마지막 페이지까지 명상에 관한

이야기일지 모릅니다. 이미 여러 차례 마음의 소리를 들어야 한다고 말했고, 앞으로도 거듭 반복할 것이기 때문입니다. 효과적인 명상법에 대해서는 다음에 자세히 설명할 시간이 있을 것입니다.

부정적인 사고방식에 사로잡히지 않는
나를 만드는 방법을 찾아야 한다.
그 방법의 하나가 바로 '명상'이다.

Chapter 2

오늘을 즐겨라

피해의식을
느끼지 않는 법

앞에서 우리가 자주 부정적인 감정에 휩쓸리는 이유는 자기의 의지에 따라 능동적으로 행동하지 못하기 때문이라고 했습니다. 수동적으로 하루하루를 살아가고 있다면 행복은 영원히 신기루처럼 손에 잡히지 않는다는 뜻입니다.

당신이 만약 그런 사람이라면 주변의 누군가에게 상처를 받고 있다는 피해의식이나 타인을 위해 희생하고 있다는 의식이 강할지 모릅니다. 그런 의식 때문에 주위 사람들에 대한 불신감이 높아지면 고독감은 폭발적으로 증가하게 됩니다.

한 젊은이가 운동장의 달리기 코스를 따라 걷고 있는데, 한참을 가다 보니 도중에 길이 막혀 있었습니다. 여러 명의 인부가 나무의 마른 가지를 기계로 솎아내는 작업을 하고 있었기 때문입니다.

그때 한 중년 사내와 눈이 마주쳤습니다. 인부의 일행인 듯한 그 사내는 달리기를 하는 젊은이가 방해가 된다는 듯 입을 꽉 다문 채 눈과 팔로만 비키라는 몸짓을 했습니다.

젊은이는 그 말에 따랐지만, 문득 화가 치밀었습니다. 미안하다는 말과 함께 작업 중이니 비켜달라고 했다면 대수롭지 않게 협조했을 텐데 일방적인 태도에 반감이 일었던 것입니다. 이때 불쾌감을 해소하기 위해서는 그의 일방적인 몸짓에 저항하여 그 사람이 마땅히 해야 할 말을 꺼내면 됩니다.

"다른 쪽으로 가라는 말씀인가요?"

이런 식의 대꾸는 그의 말에 말없이 따르게 되는 자신의 처지를 만회하고, 당당함을 회복시키기 위한 행위라고 할 수 있습니다. 그를 강하게 응시하며 대꾸하면 더 좋습니다.

이때의 마음 자세는 '당신이 제대로 말할 줄 모른다면 내가 가르쳐 주겠다!'는 식으로, 이렇게 되면 갑을관계가 바뀌게 되어 방금 전의 반감을 떨치고 만족감을 높일 수 있습니다.

이와는 반대로 사내의 말에 을의 입장이 되어 곧이곧대로 따르게 되면 수동적으로 움직여야 한다는 생각이 들기에 자신도 모르게 피해의식이 생깁니다.

사실 이것은 심리학 교과서에 나오는 내용으로, 자기중심의 관점에서 능동적으로 행동하면 피해의식을 느끼지 않게 된다는 가르침을 주는 예화입니다.

이런 식으로 자기중심의 행동 습관이 쌓이면 수동적인 태도에 길들여진 탓에 생길 수 있는 부정적인 감정을 완화할 수 있습니다. 선수를 쳐서 상대편을 제압하는 행동은 자기중심으로 살아가는 사람들의 전형적인 모습으로, 이런 습관이 몸에 붙으면 점차 능동적인 사람으로 변해갑니다.

반면에 피해의식은 타자중심으로 살아가는 사람들의 주특기로, 이런 습관이 몸에 고착되면 암울한 나날을 보낼 수밖에 없게 됩니다. 피해의식이 외로운 감정을 일으키는 동력으로 작용하기 때문입니다.

—
돈가스와 카레의
선택지 앞에서

유난히 투덜거림이 심한 사람이 있습니다. 별것 아닌 일도 뭐가 그리 마음에 들지 않는지 푸념과 불만의 목소리를 멈추지 않습니다. 그런 사람은 심지어 날씨가 나빠도 투덜거릴 정도입니다. 나는 그들에게 이런 충고를 해주곤 합니다.

"당신의 힘으로 어쩔 수 없는 일엔 투덜거림을 멈추고 거기에 순응하는 태도를 배우십시오."

그들에게 왜 이런 습관이 생겼을까요? 도대체 왜 다른 사람들은 관심도 없는 일에 시시콜콜 꼬투리를 잡으며 투덜거릴까요?

우리는 마음과 행동이 일치할 때 긍정적인 감정, 편안한 기분을 느낍니다. 예를 들어 돈가스와 카레가 메뉴판에 있는 식당에서, 점심식사를 무엇으로 할지 망설이고 있다고 칩시다.

이때 어떤 음식을 고를지는 문제가 되지 않습니다. 당신이 돈가스를 선택했다면, 그것을 먹을 때의 기분만을 음미하는 게 중요합니다.

돈가스를 먹으면서 '카레를 선택하는 게 나았을지 모른다'는 생각이 든다면, 반대로 카레를 선택했어도 '돈가스를 택하는 게 좋았을지 모른다'고 후회했을 것입니다. 그게 아니면 '옆자리 손님이 선택한 다른 음식이 더 맛있어 보인다'는 생각이 들지도 모릅니다.

만약 당신이 이런 생각을 자주 하는 사람이라면, 왜 식사할 때마다 이런 생각을 하게 되는지 생각해보십시오. 심리학의 관점에서 본다면 거기엔 분명한 이유가 있습니다.

이유는 음식을 먹을 때의 마음과 행동이 일치하지 않기 때문입니다. 다른 음식이 더 나을지 모른다고 생각하면 금세 지금의 음식에 부정적인 기분이 들고, 그런 기분이 불만을 만들어냅니다.

그런 불만은 식탁에 놓인 음식을 먹고 있는 현재의 행동과 일치하지 않는 것입니다. 마음과 행동에 괴리가 있으니

부정적인 기분으로 먹게 되고, 그렇기에 음식 자체를 즐기
지 못하는 상황을 만들어버리는 것입니다.

반대로 돈가스를 택한 뒤에 맛 자체에 오감을 집중하면
어떨까요? 그러면 맛이나 향, 식감을 느낄 수 있고, 맛있게
씹고 있는 소리까지 들립니다. 이런 감각은 긍정적인 느낌
으로 이어져서 음식만이 아니라 지금의 시간과 마주 앉은
사람은 물론이고 그와 나누는 대화까지 만족스럽게 느끼게
됩니다.

이로써 알 수 있는 사실은 마음과 행동 사이에 간격이 벌
어질수록 불만이 새어나오고, 그것이 부정적인 감정으로 이
어져서 자신도 모르게 고독감에 빠지는 일상을 만들어낸다
는 것입니다.

—
지금 하는 일에
집중하는 법

환경이 비슷한 곳에서 지내면서도 정반대 방식으로 살아가

는 두 사람이 있습니다. 한 사람은 자신의 삶을 불행하다고 여기며 허구한 날 외로움을 짊어지고 살고 있고, 다른 사람은 마음 깊이 만족감을 느끼며 즐겁게 살아갑니다.

흡사한 환경에서 엇비슷한 생활수준으로 살아가는 사람들인데 자기 삶에 대해 이렇게 정반대의 감각을 갖는 이유야말로 자기중심과 타자중심의 대표적인 사례입니다.

앞사람은 식당에 가서 혼자 식사할 때의 자기 모습을 거울을 보듯 객관적인 시점으로 바라보면서 '항상 혼자 식사하고 있는 외로운 나'를 연상합니다.

그는 주위를 힐끔거리며 즐겁게 식사하고 있는 사람들과 자신을 비교합니다. 그들의 눈에 혼자 식사하고 있는 자신이 어떻게 비칠지 신경을 씁니다. 그렇기에 이 사람은 식사를 마치고 도망치듯 식당을 나가버립니다.

하지만 후자는 다릅니다. 그는 식당에 혼자 가도 남의 눈치를 보지 않고 음식의 맛을 천천히 음미하며 여유로운 시간을 보냅니다. 이렇게 음식에만 집중하는 그에게는 무엇에 쫓긴다는 느낌이 전혀 없습니다.

이것이 바로 타자중심과 자기중심의 다른 점으로, 같은 음식을 먹고 나서도 맛에 대한 평가가 전혀 다를 수밖에 없습니다. 하나의 상황을 예로 들었지만 이렇게 판이한 유형의 사람들은 다른 상황에서도 똑같은 패턴을 보이게 됩니다.

앞사람은 편의점에 가서 물건을 살 때도 항상 혼자임을 의식합니다. 누군가 자기를 향해 '저 녀석은 왜 항상 혼자서 물건을 사러 오는 것일까?' 하고 생각할 거라는 상상을 합니다.

후자는 다릅니다. 그는 다른 사람들에 대한 관심이 전혀 없기 때문에 그저 어떤 상품을 고를지에 집중해서 이리저리 꼼꼼히 살피는 선택의 순간을 즐길 뿐입니다. 오롯이 자기만의 감정에 집중하는 것, 그것이 바로 두 사람의 차이입니다.

다른 사람들의 발걸음에 맞추기 위해 대책 없이 허둥대고, 조금만 늦어도 낙오될 것 같아 불안감에 사로잡히는 게 타자중심 인간의 심리 구조입니다. 그들은 자신의 삶에 만족감은커녕 나날이 커지는 불안감을 주체하지 못하고 살아갑니다. 어느 철학자는 이렇게 말했습니다.

"우리는 현재라는 순간을 최대한 느끼며 살아가야 한다."

이 말은 살아 있음의 행복을 느끼기를 내일로 미루지 말라는 뜻이고, 지금 이 순간의 의미를 엄중하게 느끼는 상태일 때만 자기의 존재 가치를 알게 된다는 뜻입니다.

고대 로마의 시인 호라티우스는 이렇게 썼습니다.

"우리가 말하는 동안에도 아까운 시간은 지나가고 있다. 할 수만 있다면 내일에 대한 믿음은 접고, 오늘을 잡아라."

이 시에서 나온 말이 바로 '오늘을 즐겨라Carpe diem'로, 이 말은 영화 〈죽은 시인의 사회〉에서 존 키팅 선생님이 학생들에게 알려준 경구로 유명합니다.

"카르페 디엠!"

외로운 감정이 스며들 때마다 이렇게 외치는 한 당신은 절대로 혼자 떨어져 있다는 느낌이 없을 것입니다. 만약 혼자 식당에 들어갔다면 남들의 시선은 아랑곳하지 말고 '카르페 디엠!'을 외치며 맛있는 음식에만 집중하기 바랍니다.

Chapter 3

마음과 신체의
감각을 깨운다

인생이라는 집을
어떻게 지을지 고민하라

인간에게 감정이란 어떤 일이나 현상, 또는 사물에 대해 느
낌으로써 나타나는 기분을 뜻합니다. 인간은 감정의 동물이
라는 말은 다양한 감정 표현을 통해 자신의 존재를 드러내
기 때문입니다.

오감을 느끼지 못하는 일상을 상상할 수 있을까요? 미각,
후각, 시각, 촉각, 청각을 느낄 수 없게 되면 맛, 악취, 더러
움, 아름다움, 뜨거움, 차가움, 아픔 같은 감각을 모르게 됩
니다. 멋진 음악을 들어도 감동받는 일이 없고, 들에 핀 야
생화들에 마음을 빼앗기는 일도 없으며 아름다운 새들이나

동물들에게 매료되는 일도 없습니다.

여기까지 생각하면, 우리가 감정이라는 것에 너무도 큰 은혜를 입고 있음을 알 수 있습니다. 그렇기에 언제 어디서든 자신의 감정을 소중히 여기고, 적절히 표현하고 통제하면서 자기다운 삶을 살아가는 데 활용해야 합니다. 자기만의 방식으로 감정을 표현함으로써 인생을 꽃피우려고 고민해야 한다는 얘기입니다.

우리의 감정은 극히 미세하고 정밀합니다. 100명의 사람이 있으면 저마다의 개성이 있고, 그 바탕에 그만의 감정이 존재합니다. 이러한 '다름'이 개개인의 인생을 만듭니다.

이를 하나의 집에 비유한다면 화려한 집, 소박한 집, 동양적인 스타일의 집, 서양적인 스타일의 집, 모던한 집, 기능성을 우선으로 하는 집 등 각자의 삶에 따라 다른 집이 세워지게 됩니다.

어떤 집을 세울지는 자기의 취향에 따라 달라집니다. 집의 규모, 설계, 가구 배치, 전기나 기계 시설의 기능, 내장재 선택 등 모든 부분에 자기만의 감정이 담겨 있습니다.

당신은 인생이라는 집을 어떻게 만들어갈지 고민해야 합니다. 당신만의 감정을 고스란히 담아낸 집을 지으십시오. 당신이 만들어낸 새로운 주거환경에 따라 또 다른 삶의 드라마가 펼쳐지게 됩니다.

여기서 말하는 집은 눈에 보이는 물리적인 것이 아니라 마음속에 있는 '자기만의 공간'을 말합니다. 자기 마음속에 짓는 집인데, 대궐을 짓든 고층빌딩을 짓든 남의 눈에 보이지 않으니 얼마든지 크고 아름답게 지을 수 있습니다.

문제는, 뿌리 깊은 고립감에 길들여진 사람들은 자기만의 공간을 매우 초라하고 협소하게 짓는다는 것입니다. 그들은 스스로를 보잘것없는 존재로 평가하기 때문에 근사한 집을 소유하지 못합니다.

그래서 비좁은 방에 갇혀 있는 자신을 상상하면서 형편없이 허물어져 가는 집에서 상처받은 자존심을 끌어안고 살아가는 자신을 그려냅니다.

그래서는 안 됩니다. 자기만의 감옥에서 나와 두 팔 벌려 하늘을 바라보며 온 세상이 자기 것처럼 호흡해야 합니다. 그러면서 자기 자신과 마음을 털어놓고 대화하고, 그런 과정을 통해 자기만의 삶을 열어나가야 합니다. 마음속에 자기만의 집이 분명한 형태로 존재하는 사람에게는 외로움이 들어설 틈이 없습니다.

—
자기 자신에게
들려주는 이야기

이제부터 자기 자신과의 대화에 대해 생각해보겠습니다.

먼저 의자에 기대앉아보십시오. 평소의 습관대로 앉아도 상관없습니다. 그 상태에서 어깨에서 힘을 빼고 고개를 아래쪽으로 떨어뜨리십시오.

그 다음에는 시선도 아래를 향하면서 온몸의 힘이 쫙 빠져나간다는 느낌을 가져보십시오. 어떤 기분이 드나요? 그런 자세만으로 이전과는 다른 기분을 느낄 수 있습니다.

그런 자세로 '아, 피곤하다!'고 탄식하면 그 다음에 어떤 말이 이어지는지 보십시오. 이때 알 수 있는 사실은 그런 자세가 어떤 기분을 만들고, 어떤 말을 하게 하는지 자동적으로 선택된다는 사실입니다. 그렇기에 '아, 피곤하다'는 탄식 뒤에는 반드시 이런 말이 뒤따르게 될 것입니다.

"아, 사는 게 왜 이렇게 재미가 없지?"

"아, 정말 하루하루가 너무 힘들다."

자기도 모르게 이런 말들이 터져 나오는 이유는 이런 문장들이 신체가 느끼는 감정과 정확히 일치하기 때문입니다. 그런 자세에서 '외롭다, 나는 외톨이다. 나는 대체 무엇을 위해 살아가는가?'와 같은 말을 하면, 마치 인생이 암흑으로 둘러싸인 감옥과도 같은 기분이 들 것입니다.

자기 자신에게 엄격한 사람이라면 그런 감정이 솟아나는 순간 자신을 야단치듯이 이렇게 말할 것입니다.

"그런 부정적인 말을 함부로 내뱉다니, 내가 그렇게 나약한 사람이었나?"

이런 말로 자신을 추궁하면 재빨리 부정적인 마음의 수렁에서 빠져나와야 정상입니다. 하지만 어둠에 길들여진 사람들은 그에 대한 반작용으로 자기에게 더 큰 상처를 주는 말을 뱉게 됩니다. 그로 인해 마음속은 자기부정, 자기혐오, 죄책감으로 가득 차게 됩니다.

이번에는 자세와 시선의 각도를 바꿔보십시오. 의자에 기댄 채 힘을 뺍니다. 다음엔 머리를 등 쪽으로 젖히고, 입을 꽉 다문 채로 정면으로부터 천천히 위로 시선을 올려 보십시오.

그 다음 현재의 느낌에 집중하면서 아까처럼 '아, 피곤하다'고 말해보십시오. 아까와 마찬가지로 우울한 기분이 드나요? 결코 그럴 리가 없을 겁니다. 대신 정말로 피곤한 상태라도 단순히 지금 약간 피곤하다는 느낌으로 끝날 것입니다.

정말로 그런 느낌이 든다면 그런 상태가 피곤한 자기 자신을 받아들이는 순간이라고 할 수 있습니다. 그렇게 자신의 상태를 인정하고 받아들인다면 자기도 모르게 이런 말을 하게 됩니다.

"좀 피곤하니 쉬어볼까?"

"요즘 너무 힘들게 일했으니 이쯤에서 조금 쉬면서 재충전을 해볼까?"

이렇게 자신의 피곤에 대해 부정적인 쪽으로 생각하는 상황을 정신적으로나 육체적으로 인정할 수 있다면 충분히 납득이 될 때까지 휴식을 취할 수 있습니다. 그러면서 '역시 조금 피곤했던 거야. 좀 쉬었더니 기력이 회복되는 것 같은데' 하고 자신의 느낌을 확인하게 됩니다.

이 두 가지 태도의 차이는 시선의 각도를 아래쪽에서 위쪽으로 바꾼 것뿐입니다. 온몸에서 힘을 쫙 빼고 시선을 아래를 향한 자세와 당당하게 어깨를 펴고 얼굴을 든 채로 시선을 하늘로 향하는 자세 말입니다.

이 차이만으로도 자신의 삶을 좌우할 만한 태도 습관을 갖는 시작이 된다는 사실을 알아야 합니다. 이제 어깨를 힘껏 펴고 시선을 위쪽으로 향하는 행동만으로도 기분을 바꾸는 일이 가능하다는 사실을 알았으니 지금부터 당장 실행하십시오!

① 고개를 아래로 향한 채
   피곤하다고 말해본다.

② 머리를 들고
   피곤하다고 말해본다.

Chapter 4.

몸에 너무
힘이 들어가 있지는 않은가?

—
몸이 아니라
마음으로 하는 호흡법

작은 노력으로도 부정적인 감정에 사로잡힌 마음을 다스릴 수 있는 방법이 있습니다. 바로 호흡법입니다. 너무 당연히 여긴 나머지 살면서 거의 의식하지 않지만, 호흡을 고른다는 것은 건강의 기본이라고 할 만큼 마음 건강에 필수적인 것입니다.

인간은 음식이나 물이 없어도 며칠 동안은 살 수 있지만 단 몇 분이라도 호흡을 하지 못하면 살 수가 없습니다. 그만큼 호흡은 인간의 생명 유지에 가장 중요한 역할을 합니다.

우리 인체에서 자율신경은 생명 유지에 관한 여러 기관들의 움직임을 컨트롤합니다. 자율신경은 교감신경이나 부교감신경과 이어져 있는데, 일상생활을 하는 동안에는 교감신경이 활발해지고 잠을 잘 때나 휴식을 취할 때는 부교감신경이 활발해집니다.

　전문가들은 자율신경의 밸런스가 무너지면 육체적으로 조화가 무너질 뿐만 아니라 정신적으로도 부정적인 기운이 일어나기가 쉽다고 말합니다. 한 마디로 정신과 신체가 피폐해지는 것입니다.

　호흡에는 들숨과 날숨이 있습니다. 들숨은 주로 교감신경이 우선적으로 움직이는 반면에 날숨은 부교감신경이 우선적으로 움직인다고 합니다.

　이를 심리학적인 측면에서 설명하면, 마음의 상태는 그대로 날숨에 나타납니다. 초조한 사람은 급하게 날숨을 뱉고 자신감이 없는 사람은 호흡이 작고 약하며, 외로운 사람은 한숨을 뱉어내기 때문에 신선한 공기가 교환되는 양이 줄어들게 됩니다. 이런 식으로 호흡과 의식은 하나이기 때문에 짧은 호흡 하나라도 소홀해서는 안 됩니다.

심리 치유를 위해 상담을 진행하다 보면 아무리 긴장 완화를 위해 몸에서 힘을 빼라고 요구해도 도저히 안 된다고 호소하는 사람들이 있습니다.

자력으로는 긴장감을 풀어내지 못해서 술이나 마약 같은 외부적인 것에 의존하는 사람들이 이런 부류에 속합니다. 당신이 만약 이런 상태라면 우선 고른 호흡을 하는 훈련부터 시작해야 할 것입니다.

—
**몸에 쓸데없이
힘이 들어가 있지는 않은가?**

간단한 훈련을 시작하겠습니다. 평소 습관대로 일어나서 가만히 정자세로 서 있어 보십시오. 이렇게 단순히 서 있는 동작만으로도 신체에 힘이 들어가 있는지 알 수 있습니다.

서 있을 때는, 단지 서 있기 위한 에너지밖에 필요하지 않습니다. 그럼에도 가만히 서서 어디에 힘이 들어가는지 점검해보십시오. 쓸데없이 어깨나 허리에 힘을 주는 등 자신의 동작에 대해 알아차렸다면, 그게 바로 평소의 상태라고 보면 됩니다.

이때는 지구라는 대지 위에서 직립으로 서 있는 자신의 이미지를 그리면 좋습니다. 놀라운 사실은, 단지 이런 자세를 거듭하는 것만으로도 신체가 본연의 편안한 자세로 수정해나간다는 것입니다.

그런 과정에서 문득 좋은 기분을 느꼈다면 이제 천천히 크게 숨을 들이마시고, 잠시 후 충분히 들이마신 지점에서 가볍게 숨을 멈추었다 천천히 뱉어보십시오.

그러면서 전신에서 힘이 서서히 빠져나가는 이미지를 상상해보십시오. 풍선이 아주 조금씩 줄어드는 이미지에 가깝게, 그렇게 힘을 빼는 동안 이전에 느껴보지 못한 편안함을 느낄 수 있을 것입니다.

그런 동작을 반복하다 보면 전신의 힘이 천천히 빠지면서 몸과 마음에 잔뜩 끼어 있던 긴 먹구름이 사라지는 걸 느낄 수 있습니다.

명상 전문가들은 이런 상태를 가리켜 자신을 받아들이는 순간이라고 말합니다. 이때야말로 마음과 몸이 일치하는 상

태로, 이런 느낌을 여러 차례 경험하게 되면 자기긍정감이
나 자기효능감을 살리는 데 특히 효과가 있다고 말합니다.

—
자기부정의 수렁에 빠질 때마다
호흡을 의식하라

외로운 감정이 치솟을 때는 어두운 기분에 휩싸이게 되어
질이 낮은 호흡을 하게 됩니다. 호흡이 나빠지면 자율신경
에 충격을 가하고, 이를 통해 몸에 남아 있던 긍정 에너지가
마이너스 쪽으로 흐르게 됩니다.

이런 때 자신이 실감하고 있는 기분을 진짜라고 생각하면
안 됩니다. 그런 기분은 흐트러진 자세나 나쁜 호흡이 만들
어내는 일시적인 감정이기 때문입니다.

어떤 문제에 사로잡혀 깊이 생각하다 보면, 그것을 아주 심
각한 일로 인식할 때가 있습니다. 그러다 잠시 문제에서 떠났
다가 돌아오면 의외로 단순하다는 사실에 놀라게 됩니다.

이런 경우는 문제를 바라보는 시각이 바뀌었다기보다는

자세나 호흡과 연관이 있을지 모릅니다. 달리 말해서 문제를 대하는 자세나 호흡만 바꿔도 현상을 느끼는 기분이 달라질 수 있다는 것입니다. 그러니 자신에게 이렇게 물어보십시오.

"외롭다고 느낄 때, 나는 주로 어떤 자세를 취하고 있는가?"

"외롭다고 느낄 때, 나는 주로 어떤 호흡을 하고 있는가?"

이 물음에 답을 찾다 보면 기분을 바꾸는 일이 의외로 단순하다는 사실을 알게 될 것입니다. 그렇게 자신의 자세나 호흡이 긍정적인 의식을 향하게 하는 게 바로 자기중심의 사고 습관을 갖는 길입니다.

외롭다고 느낄수록 자세나 호흡에 관심을 쏟는 훈련을 해나가면 그것만으로도 안정된 정신 상태를 유지할 수 있게 됩니다. 그렇게 하여 긍정적인 감각을 느끼다 보면, 자신에게 집중하느라 타인이나 외부 환경조건에 대해 신경을 쓰지 않게 됩니다. 자세와 호흡을 제자리에 돌려놓음으로써 자신의 의식을 바꾸고, 삶을 바꾸는 작업이 시작된다는 사실을 잊지 마십시오.

호흡을 컨트롤해서 마음과 몸을 일치시킨다.

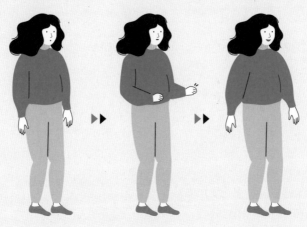

① 평소대로 선다.

② 전신에 힘을 꽉 주고 잠시 그대로 움직이지 않는다.

③ 힘을 빼고 잠시 동안 기분 좋게 땅에 서 있는다.

④ 의자에 앉으면서 아주 천천히 크게 호흡하고, 숨을 들이마시면 가볍게 멈춘다.

⑤ 전신의 힘을 서서히 빼는 이미지를 그리면서 숨을 천천히 뱉는다.

6

외로움이 이렇게까지 힘든 이유는

판매왕이 된
무대뽀 소심남

• • •

자동차 판매회사에 다니는 히로세 다카시는 입사 15년차인 올해 업계 최고 실적을 올린 판매왕에 올랐다. 그의 나이 마흔 살, 무려 15년 만이다. 몇 년 전까지만 해도 먼 나라 이야기로만 여겼던 판매왕 타이틀의 주인공이 되다니, 그는 감격에 겨워 눈물이 나올 지경이었다.

스물다섯 살 겨울에 처음 자동차 판매회사에 입사해서 사회생활을 시작한 그는 선배들로부터 과연 잘해낼 수 있을까 하는 의문의 꼬리표를 달고 살았다.

그럴 만도 했다. 피 터지게 경쟁해야 하는 자동차 영업 세계에서 워낙 소극적인 성격에다 남과 경쟁하는 일에는 타고난 소질 자체가 제로인 그가 잘 해내기는커녕 얼마나 오래 갈 것인지가 오히려 문제였다.

더구나 그는 말이 별로 없는데다 인간관계에도 재주가 젬병이

어서 처음 만나는 사람과 친해지는 데 상당한 시간을 들여야 했다. 언어 표현이 무기인 영업사원이 말이 없다니, 얘기가 안 되는 상황이지만 아무튼 그는 그 어렵다는 자동차 영업사원의 길을 걷기 시작했다.

당연히 처음엔 실적이 꼴찌였다. 선배들이 넘겨준 구입 가능 고객 명단을 들고 무작정 거리를 헤매는 날이 많았고, 실적이라고 해봤자 남들이 한 달에 몇십 대를 돌파할 때 그는 서너 대가 고작인 때가 많았다.

그때마다 그만두고 싶은 마음이 굴뚝같았지만 이왕 시작한 일이니 끝장을 보라는 선배의 말을 들을 때마다 마음이 흔들려서 다시 영업 현장으로 달려가곤 했다.

그런 그에게도 장점이 있었다. 배려심이었다. 당장 손해를 볼망정 남에게 먼저 베푸는 태도 말이다. 이거야말로 소심하고 내성적인 사람들이 갖고 있는 전형적인 생존 전략이다. 그렇게라도 해서 남들의 호감을 사려는 필사적인 생존 전략 말이다.

그는 무의식 중에 발동하는 배려심으로 고객들에게 깊은 인상을 주었고, 그런 태도가 슬슬 효과를 보이기 시작한 건 입사 5년차

쯤 될 때부터였다. 그의 사려 깊은 태도를 잊지 않은 고객들로부터 신차 구입 문의가 오기 시작했던 것이다.

시간이 흐르면서, 고객을 대하는 그의 태도엔 그만의 특별함이 붙기 시작했다. 한 번 인연이 닿은 고객에게는 찰거머리 같은 집념으로 달라붙어 기어코 계약을 따내는 뚝심이었다. 회사에서는 그를 '무대뽀 소심남'이라고 불렀다. '소심한 남자의 무작정 직진 영업 행보'를 뜻하는 말이다.

이런 영업 노하우는 숱한 실패 끝에 그 스스로 만들어낸 영업 방법으로, 자신의 소심하고 소극적인 태도를 고객에게 굳이 숨기지 않되 목표를 달성할 때까지 무례하지 않은 선 안에서 무작정 직진한다는 의미다.

그러기 위해 필요한 게 있었다. 어차피 판매사원마다 자동차라는 똑같은 상품을 놓고 경쟁하는 상황에서 다카시는 고도의 판매 기술에다 신용과 경험이 합쳐진 무엇으로 승부를 보는 건 경쟁력이 전혀 없었다. 그의 무기는 호감과 배려였다.

그가 '무대뽀 소심남'이라고 적힌 명함을 내놓으면 처음 만난 고객들은 일단 폭소부터 터뜨린다. 묘한 녀석이군! 고객의 입가에 흐르는 미소를 보며 일단 호감을 얻는다. 그 호감을 바탕으로 상대 입장에서 생각하고 배려하고 필요한 것을 챙겨주었다. 사람의 배려심이란 때로 눈에 보이지 않는 무형의 자산이지만, 그래도 세상 경험이 많은 사람에게는 금세 보이기 마련이다. 그가 업계에 들어온 지 15년 만에 최고의 실적을 올린 판매왕으로 등극한 것은 순전히 그런 눈물겨운 노력의 결과였다.

눈물 젖은 빵을 먹으며 외로움을 혼자 달랠 때가 많았다. 가방 하나 달랑 들고 거리를 걸을 때마다 세상이라는 격랑의 바다에 혼자 던져진 듯한 느낌으로 가슴이 미어질 때가 많았다.

그러나 소심하고 내성적인 사람도 해낼 수 있다는 다짐으로 하루하루 버텼다. 홀로 그렇게 버텨오느라 친구도 별로 없고 취미생활 같은 건 더욱 모르지만 그래서 때로는 헛헛한 마음일 때도 많지만 혼자 달려온 세월을 자랑스러워하며 오늘을 살고 있다. 그는 생각한다. 돌아보면, 외로움은 그에게 무기였지 걸림돌은 아니었다고 말이다.

Chapter 1

고독의 끝에
서 있다면

—
외로움은 죽음의 감각과
연결된다

우리는 남에게 '나는 사랑을 원한다'고 자신의 입으로 직접 말하지는 않습니다. 그러나 사람은 혼자 살아갈 수 없기 때문에 누구나 마음 깊이 사랑을 원합니다.

외로움을 달래주는 대상이 반드시 사람이 아니라도 좋습니다. 그건 동물이나 식물이라도 사랑의 감정을 느낄 수 있기 때문으로, 심지어 생명이라곤 없는 물건에도 무한 사랑을 느끼며 외로움을 이겨내는 경우도 있습니다.

그런가 하면 먼 바다로 홀로 나가 탐험을 하면서도 하루하루 모험의 재미 때문에 절대 외롭지 않다고 말하는 사람이 있습니다. 깊은 산속에 들어가 혼자 생활하면서 희귀식물을 채집하는 것으로 외로움을 지우는 사람도 있습니다.

어디서 살건, 무엇을 하든, 우리에게는 인간 본연의 열망이 있습니다. 살고 싶다는 욕망이 그것으로, 이는 달리 말해서 죽음에 대한 공포를 의미합니다.

우리는 누구나 자신의 소멸에 대해 마음속 깊이 두려움을 갖고 있습니다. 우리는 때때로 '내가 혼자 남겨진다면 과연 살아갈 수 있을까?' 하고 미래에 대해 불안해하거나 공포를 느낍니다. 이는 사고나 질병으로 도움이 필요할 때 아무에게도 도움을 받을 수 없는 상황을 연상하기 때문입니다.

타자중심의 사고에 얽매인 사람들은 자기 힘으로는 자신의 마음을 충족시킬 수 없기 때문에 주위 사람들에게 끝도 없이 '나를 알아주기 바란다, 나의 욕구를 채워다오, 사랑해주기 바란다'며 매달립니다.

이런 의존성에 더해서 외로움에 대한 공포까지 생기면 어떻게든 누군가에게 필사적으로 매달리려고 합니다. 하지만 그럴수록 외로움이나 공포심이 증대되고 남에게 매달린 손을 놓을 수가 없게 됩니다.

외로움에 대한 공포는
원시시대부터 만들어졌다

부모나 형제자매, 또는 친한 사람의 죽음을 가까이서 목격한 적이 있다면 죽음으로 생기는 영원한 이별이나 이제 자기 옆에 그 사람이 존재하지 않는다는 현실, 그리고 그로 인한 외로움에 직면하게 된다는 사실을 잘 알 것입니다.

우리가 '고독사'라는 말에 마음이 흔들리는 이유는 혼자서 외롭게 지내다 쓸쓸히 죽는 광경이 고독이라는 감정과 맞물려서 눈앞에 펼쳐지기 때문입니다.

그 때문에 외롭다는 감정은 가볍게 입에 담을 수 없을 정도로 침통한 무엇을 만들어냅니다. 그런가 하면 어떤 사람에게는 극도의 외로움은 죽음을 연상케 하는 공포감을 동반하기도 합니다.

우리들 대부분은 살면서 문득 외로운 감정에 공격받는 일이 많지만, 날마다 해야 할 일들에 뒤엉켜 지내기 때문에 스스로는 외로움으로 인한 공포를 안고 있다는 자각을 하지 못할 때가 많습니다.

설사 혼자 살더라도 언제든 밖에 나가면 다른 사람들의 모습이 눈에 들어옵니다. 음악을 듣거나 텔레비전을 보거나 운동을 하는 등 저마다의 관심사 속에서 사람들의 존재를 느낍니다.

그럼에도 시시때때로 외로움이라는 날카로운 감각이 우리 의식 안으로 파고듭니다. 왜 그럴까요? 그것은 우리가 인간이라는 존재로 살기 시작한 때부터의 기억에서 유래하는 것일지 모릅니다.

생명을 유지하고 지킨다는 문제는 살아 있는 존재에게는 가장 우선해야 하는 일입니다. 원시시대를 살았던 인간들은 다른 동물처럼 집단을 이루어 살았습니다. 군집생활이 목숨을 방어하고 이어가기 위해 가장 합리적인 해결책이었기 때문입니다.

그 시대에는 가혹한 환경 조건 속에서 집단으로부터 한 걸음이라도 벗어나는 건 죽음을 의미했습니다. 사냥을 나갔다 길이라도 잃으면 목숨과 맞바꾸는 위기에 봉착하는 일이었을 테고, 더 나아가 집단으로부터 추방을 당하면 죽음을 각오해야 했을 것입니다.

전문가들은 이러한 태고의 방식이 인간 모두에게 오늘날까지도 혼자 있는 시간을 두려움이라고 규정하는 유전자가 되어 큼지막한 위협으로 자리 잡고 있는 거라고 말합니다.

"우리가 고독하다고 인식되는 상황에 처하면 외로움과 함께 공포심을 안게 되는데, 그것은 혼자 대열에서 낙오되면 곧장 죽음으로 이어질지 모른다는 두려움의 기억 때문이다."

—
심리학자가 생각하는
외로움의 원리

미국의 심리학자 아브라함 매슬로우 Abraham Maslow 는 인간은 누구나 자기실현을 위해 끊임없이 성장한다고 주장했습니다. 이 개념을 '매슬로우의 욕구 5단계설'이라고 하는데, 그는 인간의 기본적인 욕구를 다음과 같이 5단계로 나누어 정의하고 있습니다.

그의 이론에 따르면, 하나의 욕구가 충족되면 다음 단계의 욕구가 나타나서 거기에 충족을 요구하는 식으로 상향식 체계가 이루어진다고 합니다.

◦ **1단계 : 생리적 욕구**

배고픔을 면하고 생명을 유지하려는 욕구. 의식주를 향한 욕
구에서 성적인 욕구까지를 포함한다.

◦ **2단계 : 안전 욕구**

생리적 욕구가 충족되면 나타나는 욕구. 위험한 상황에서 자
신을 보호하고 불안을 회피하려는 욕구를 말한다.

◦ **3단계 : 사회적 욕구/사랑과 소속에 대한 욕구**

가족이나 친구, 친척과 친교를 맺으며 어느 집단에 귀속되고
싶어 하는 욕구를 말한다.

◦ **4단계 : 승인/존중 욕구**

다른 사람들과 친하게 지내고 싶은 욕구. 자아존중과 자신감,
성취 등 사회적 동물로 살아가는 데 기초가 되는 욕구이다.

◦ **5단계 : 자기실현 욕구**

계속 발전하기 위해 잠재력을 최대한 발휘하려는 욕구. 욕구
가 충족될수록 더욱 증대되는 경향을 보여 성장 욕구라고도
한다.

매슬로우의 이론에 따르면 안전 욕구가 충족되지 않으면
공포심을 안게 되고, 사회적 욕구나 승인 욕구가 충족되지

않으면 고독감을 느낀다고 합니다.

승인 욕구에는 타자승인과 자기승인이라는 두 가지 측면이 있습니다. 타자승인 욕구는 타인에게 가치 있는 존재로 인정받으며 존중받고 싶은 마음을 말합니다. 이는 명예, 명성, 지위, 인기, 재산, 외모, 용모 같은 것들로 주로 다른 사람들의 칭찬을 받거나 주목을 받음으로써 충족됩니다.

자기승인 욕구는 자신을 스스로 가치 있는 존재라고 인정함으로써 충족됩니다. 이는 자립성이나 자부심, 자기존중, 자기신뢰 같은 감정이라고 할 수 있는데, 이때는 타인의 평가보다 자신을 스스로 어떻게 평가하는지에 따라 결정됩니다.

이런 욕구가 충족되지 않으면 열등감이나 무력감, 죄책감을 짊어지게 됩니다. 어떻게 타인에게 인정받을지, 스스로 자신을 높이 인정하면서 자기 가치를 높여 나갈지, 같은 승인 욕구라 해도 타자승인에 의해 얻을 수 있는 만족감과 자기승인에 의해 얻을 수 있는 만족감은 차이가 큽니다.

타자승인 욕구를 충족시키기 위해서는 당연히 상대방이 필요합니다. 게다가 그 결정을 타인에게 의존하기 때문에 매사에 그 사람의 눈치를 보지 않고서는 견디지 못합니다.

그 때문에 그 사람은 항상 불안감에 휘둘리게 됩니다. 게다가 결정적인 문제는 타자승인으로 얻을 수 있는 만족감보다 얻어내지 못하는 불만족감이 더 커져간다는 것입니다.

그러나 자기승인의 주체는 전적으로 자신이기 때문에 결정권이 자기에게 있습니다. 그러므로 타인에게 의존할 일도, 얽매일 일도 없습니다. 그 때문에 이런 만족감에는 지속성이 있습니다.

매슬로우는 타자승인이라는 낮은 레벨의 욕구에 머물러 있으면 자아성장은 고사하고 정신연령이 유아 수준에 머물러 항상 외로운 감정에 휘둘릴 위험성이 크다고 합니다.

외로운 감정의 굴레에서 벗어나고 싶다고 말하면서도 스스로를 인정하고 응원하는 습관에서 멀어진다면 영원히 고립된 존재로 살아갈 수밖에 없다는 얘기입니다.

어떤 사람들은 '자기애'라는 말에 알레르기적인 거부감을 느낍니다. 자기애는 자기 자신에게 애착을 느끼는 것인데, 물론 이것이 너무 지나쳐서 병적으로 자신에게만 집착한다

면 문제지만 자신을 존중하고 사랑하는 태도 자체가 문제될
리 없습니다.

오히려 진짜 문제는 다른 사람들 앞에서 지나치게 저자세
로 자신을 굽히고, 기회만 있으면 자기를 비하하는 태도입
니다. 이런 굴종적인 태도야말로 마음속에 외로움이라는 병
균을 배양하는 큼지막한 그릇을 가지고 있는 것입니다.

결론은 '자기실현 욕구'가 풍부하게 넘치는 사람이 되어
야 한다는 것입니다. 언제 어디서든 '나는 나!'라고 외치며
남의 시선 따위는 거들떠보지 않는 씩씩한 태도가 필요합니
다. 그러니 언제 어디서든 이 말을 되뇌기 바랍니다.

"나의 외로움이 이렇게까지 힘든 이유는, 지금은 자기실
현 욕구가 바닥이기 때문이다. 그러니 성장하는 나를 만들
기 위해 더 열심히 노력하자!"

인간관계에
서툰 사람에겐 이유가 있다

—
타인과의 소통에
두려움을 느낀다면

사람들은 생각 이상으로 자신에게 엄격합니다. 그런 일은 자기 몸에게도 마찬가지인데, 경우에 따라서는 자기 신체에 자해를 하거나 난폭한 행동에 사용하는 등 아주 가혹하게 다룹니다.

마음과 마찬가지로 신체도 섬세하고 정밀한 감각을 가지고 있습니다. 가령 물리치료나 마사지를 받을 때 몸이 어떻게 반응하는지 보십시오. 허리를 강하게 누르면 통증이 동반되고, 머리를 마사지하면 마음속 끝까지 이완되는 느낌이 듭니다.

이런 반응은 신체 부위 별로 신경세포의 분포가 저마다 다르기 때문에 일어납니다. 그렇기에 피부 감촉의 느낌은 천차만별인 것입니다. 어떤 사람은 몸과 몸의 접촉에 불쾌감을 갖고, 반대로 대수롭지 않게 여기거나 기분 좋게 생각하는 사람도 있습니다.

그런가 하면 경계심이 강한 사람은 누군가 자신을 만진다는 이미지만 떠올려도 몸서리를 칩니다. 이는 자기를 만진다는 행위에 대해 부정적으로 인식하고 있기 때문입니다.

그런 반응을 보이는 이유는 접촉 부위의 세포가 유난히 민감하기 때문일 수도 있고, 과거에 누군가로부터 육체적으로 학대를 받은 경험이 뇌리에 남아 있기 때문일지도 모릅니다.

심리학자들은 유소년 시절에 부모를 비롯한 가족과 스킨십이 적었던 경험이 피부 접촉을 기피하는 요인이 된다고 말합니다. 그런 사람은 물리치료나 마사지, 지압 같이 타인의 손길을 통해 신체의 긴장을 풀려고 해도 좀처럼 되지 않습니다.

그것은 심리적인 방어 본능이 작동하여 신체를 긴장하게 만들기 때문으로, 신체의 긴장을 풀어주려는 손길이 오히려 더 긴장하게 만들어버리는 셈이 됩니다.

외로울 때 누군가 안아줘서 마음이 풀리는 것은 신체 접촉을 통해 기분이 좋아지는 느낌을 받기 때문입니다. 어렸을 때 누군가 안아주던 경험이 사랑으로 인식된 사람은 그런 접촉을 긍정적으로 느낄 수 있습니다.

어린 시절에 축적된 이런 경험은 평생을 가면서 피부 접촉을 좋아하는 등 친밀감이 넘치는 사람이 됩니다. 요즘 젊은 부모들은 아이를 등에 업는다든지 가슴 깊이 안아주는 식으로 양육하는 일이 드문데, 그런 육아 방식의 옳고 그름에 대한 논의는 제쳐두고 피부 접촉이 줄어들면 아이가 성장하면서 그런 행위에 불쾌감을 느끼는 경우가 늘어날 수 있으니 주의해야 합니다.

그런 결핍은 필연적으로 사람들과의 접촉을 기피하는 쪽으로 향하게 합니다. 이런 사람은 친구와 팔짱을 끼거나 포옹하는 일은 별로 없이 그저 마음으로만 교류하겠다는 식입니다.

그러니 자연히 차가운 인상이고, 다른 사람들과 마음을
터놓고 대화하는 일이 드물어집니다. 그 다음에 무슨 일이
벌어질지는 뻔합니다. 그들은 왜 자신은 최선을 다하는데도
다른 사람들이 자기를 멀리하는지 모르겠다며 남 탓을 하
고, 그러면서 점점 더 외로움의 수렁에 빠져듭니다.

—
자기의 몸을 얼마나
소중히 여기고 있나?

우리 몸의 감각기능은 산들거리는 바람에도 기분 좋은 느낌
을 가질 정도로 섬세하고, 모기가 살갗에 앉으면 재빨리 감
지할 정도로 민감합니다.
　이것은 마음과 신체가 긴밀하게 연결되어 있다는 뜻으로,
우리는 마음만이 아니라 신체도 부드럽게 다뤄야 합니다.
이런 일은 극히 사소한 동작 하나에도 적용됩니다.

　예를 들어 긴장을 많이 하는 타입은 단순히 커피를 마시
는 동작에도 필요 이상으로 힘을 주어 커피 잔을 잡습니다.

가볍게 컵을 들어 올릴 정도의 힘만으로 충분한데 팔 전체에 힘을 주거나 어깨까지 긴장상태로 만듭니다.

신체가 긴장하게 되면 그것으로 끝나는 게 아닙니다. 커피 특유의 맛을 오감으로 느끼는 감도가 저하됩니다. 세상에는 수천 종류의 커피가 있어 저마다의 고유한 향을 느끼는 일도 즐거움 가운데 하나라고 말하는 사람이 많은데, 그는 그런 일하고는 거리가 아주 멉니다.

이런 차이가 다른 곳에서 벌어지면 어떻게 될까요?

주변에서 일어나는 사소한 일도 민감하게 감지하며 그때그때 그 느낌에서 즐거움을 찾는 사람이 있다고 칩시다.

그런 사람은 가볍게 찻잔을 들어 올린 그 순간에 이미 커피 향을 느끼며 즐거운 기분에 사로잡히게 됩니다. 커피를 마시면, 맛을 음미하는 동안 자기만의 잣대로 커피를 평가하며 또 다른 행복에 빠집니다.

이런 사람에게서 외로운 표정을 찾아볼 수 있을까요? 그런 사람의 마음에 공허함이 끼어들 자리가 있을까요? 일상에서 이런 식의 긍정적인 느낌이 자주 일어나면, 작은 일에도 긍정적인 선택을 해나갈 확률이 높아지게 됩니다.

그러면 삶은 몇 배로 즐거워지지만, 부정적인 감정에 휩싸여 있으면 신체마저 좋은 느낌을 감지하지 못해서 삶은 몇 배로 지겨워질 것입니다.

좋은 기분은 자기 몸을 소중히 여기는 태도에서 시작된다는 사실을 잊지 말아야 합니다. 그런 사람은 혼자 있는 시간에도 외롭다고 한탄하기보다 혼자 있으니 자신을 더 충실하게 만들 시간이라며 즐거워할 것입니다.

마음의 벽을
허문다는 것

—
사람과 사람 사이에
놓여 있는 벽

우리는 평소에는 어디를 가도 많은 사람이 있기에 고립감이 얼마나 무서운지 실감하지 못하고 살아갑니다. 하지만 외부와의 접촉을 차단당하면 누구라도 외롭다는 감정을 느낄 수밖에 없고, 혼자 낙오되었다는 사실에 절망하게 됩니다.

사실 우리는 저마다 이런 상황으로 치닫는 삶을 살고 있는지도 모릅니다. 우리는 수많은 규칙과 규범에 둘러싸여 살고, 그런 제약을 당연하게 여깁니다.

이런 상황에서 마음이 통하는 관계를 구축하기란 정말 어려운 일이 되고 말았습니다. 미국의 사회학자 데이비드 리스먼David Riesman은《고독한 군중The Lonely Crowd》에 이렇게 썼습니다.

"대중사회 속에서 타인에 둘러싸여 살아가면서도 내면의 고립감으로 번민하는 사람이 늘고 있다. 사람들은 하나의 연극에서 배우가 무대 위에서 연기할 때, 관객 속에 홀로 있는 느낌을 받는 것처럼 살아가고 있다."

배우는 분명 관객에 둘러싸여 있으니 혼자가 아니지만, 무대 위에서 자기가 맡은 역할에 충실하면서 연극을 이끌어가야 하니 얼마나 고독한 일이겠습니까? 데이비드 리스먼은 우리 모두가 혼자 무대를 지키는 배우처럼 외로운 존재라고 말하고 있습니다.

더구나 우리 사회는 타인과의 관계에서 스트레스를 느끼는 일이 많아서 어떻게든 부정적인 자극에서 멀어지려고 발버둥 칩니다. 이런 일이 쌓이다 보면, 어느새 세상이라는 무대 위에 자기 혼자 남게 되는 신세가 됩니다.

외로운 감정은 다른 사람과의 접촉을 통해, 그리고 서로 마음을 소통함으로써 채우고, 위로받고, 덜어내면서 행복감으로 나아갈 수 있습니다.

로봇이 인간과 마찬가지로 말하고 행동하는 경지에 오르더라도 감정이 없기 때문에 진짜 인간다운 만족감이나 행복감을 마음 깊이 실감하지 못하듯이 '감정의 나눔'이라는 과정을 통해서만이 고립의 세상에서 벗어날 수 있는 것입니다.

외로운 감정에 시달리는 사람들은 바로 이 부분에서 대단히 미숙하기 때문에 문제가 됩니다. 음악이나 미술 같은 예술 분야가 시간과 공간을 초월해서 존재하는 이유는 작품을 만든 사람과 보는 사람이 감정을 나눌 수 있기 때문입니다.

인간관계도 마찬가지입니다. 감정의 나눔이라는 명제 앞에서, 자신과 타인의 감정을 주고받는 일에 용기를 낸다면 외로움은 저절로 사라질 것입니다.

그러니 사람들 속으로 뛰어드십시오. 그들에게 있는 그대로의 당신을 보여주십시오. 망설이지 말고, 두려워하지 말고, 의심하지 말고 그냥 그들과 어깨를 나란히 하면 됩니다.

현대는 경쟁사회입니다. 그런데 그 때문에 생기는 부작용은 큽니다. 많은 사람이 타자승인 욕구에 빠져서 다른 사람들과의 경쟁에서 이기거나, 우월하거나 하는 일에만 필사적으로 매달린다는 점입니다.

스스로 자신을 인정하며 응원하는 자기승인보다 타인에게 인정받고 싶다는 타자승인 욕구가 강해지면 당연히 타자 중심 쪽으로 기울어질 것입니다.

그렇게 되면 다른 사람들의 시선에 신경이 쓰여서 자신을 돌아보는 일은 별로 없게 됩니다. 그러면 모든 일에 자신감을 상실한 채 타인에게 인정받아야만 안심할 수 있게 됩니다.

그런 행동으로 잠시 열등감이나 자책감으로부터 도망칠 수는 있지만, 불안정한 심리 상태에 취해 있는 삶이 연속될 수밖에 없습니다.

게다가 오늘의 사회는 미래가 너무 불투명하기 때문에 의욕적이고 적극적으로 행동하면 인생이 잘 풀린다는 기대감을 갖기도 어렵습니다.

실제로 젊은이들을 대상으로 여론조사를 해보면 아무리 노력해도 보상받지 못할 거라는 의견이 압도적으로 많습니다. 이 같은 생각은 30대, 40대에까지 퍼져서 자기 삶에 긍정적 시선을 던지는 사람이 매우 드물다고 합니다.

그들에게는 현실 안주 심리가 널리 퍼져 있는데, 그런 상태가 일상적으로 계속되면 매슬로우가 설명하는 욕망의 5단계 이론에서 대부분의 단계가 제풀에 힘을 잃고 소멸되거나 쇠락하는 사태가 벌어질 것입니다.

그런 환경에서 타자승인 욕구를 충족시키려고 안달할수록 맛보게 되는 것은 좌절감뿐입니다. 왜냐하면 다른 사람들 역시 세상에 대한 기대치가 낮기에 진정으로 남을 인정하거나 이해하지 못하기 때문입니다.

상담실을 찾는 많은 직장인들이 이런 문제로 고심합니다.

"직장에서 동료들로부터 따돌림을 당하는 게 괴롭습니다. 무시당하는 것도 너무 무섭습니다."

타인으로부터 인정을 받지 못하는 고립감을 참을 수 없어

그들은 이렇게 말합니다.

"어딘가에 소속되고 싶어요. 동료들과 마음을 나누고 싶어요."

이것이 바로 매슬로우가 말한 '소속 욕구'입니다. 이런 상황에서 고립감이 심화되면 태곳적 역사로부터 인간의 뇌리에 깊이 각인된 유전자가 발동해서 과도하게 공포감을 느끼게 만듭니다.

어떻게 해야 할까요? 타자승인을 갈망하는 사회 풍조에 휩쓸리지 않는 게 첫걸음입니다. 자기를 다시 일으켜 세워 세상을 혼자 힘으로 당당하게 걸어가게 만드는 용기가 그 다음입니다. 그러면 충분합니다. 그 다음에 세상의 벽을 뛰어넘는 지혜가 생기고, 힘이 뒤따르기 때문입니다 지금까지 자기 밖의 세상으로 향했던 시선을 자기 자신으로 돌려 외로운 감각을 보듬고 위로하는 일, 그것이면 충분합니다.

이제 이 책의 핵심 키워드인 '자기중심 심리학에 기초한 착한 이기주의자'라는 말을 이해했으리라 믿으며, 당신의 새로운 시작을 열심히 응원하겠습니다. 감사합니다.

마음속에
사랑의 불을 밝혀라

전철이나 버스를 타면 누구나 스마트폰에 몰두하고 있습니다. 그 정도로 스마트폰은 우리의 일상생활에 없어서는 안 될 필수품이 되었습니다. 스마트폰 덕분에 외로운 감각이 분산되고, 고립감이나 공허함이 느껴지지 않는다고 말하는 사람이 있을 정도입니다.

사람들과 같이 있으면 답답하지만 혼자 있어 외로운 느낌을 덜어주는 것이 스마트폰입니다. 그렇지만 스마트폰을 내려놓으면 그 다음에 오는 건 무엇일까요?

가장 편안한 장소인 집안 내에서도 가족들이 각자 너무 바빠서 서로 얼굴도 잘 못 보거나 같이 식사하는 일조차 별로 없는 경우가 있습니다.

언제부턴가 그렇게 가족 간에도 마음이 제각기 따로 놀아서 외로움을 안고 있어도 대화를 나누지 못한다는 사람이 늘어나고 있습니다. 그러다 보니 더욱 외로워져서 차라리 자신의 마음에서 눈을 떼고, 외부로 향한다는 사람도 있을 지경입니다. 도박이나 게임 같은 일이 그것이고, 심하면 마약도 서슴지 않습니다.

확실히 그러면 외로움을 느끼는 감각을 둔감하게 만들 수 있을지 모릅니다. 그런 상태가 되면, 외롭다는 감정을 직접적으로 응시하지 않아도 되기에 괴로워하지 않고 지낼 수도 있을지 모릅니다. 하지만 그런 태도로는 외롭다는 감정이 없어지는 게 아니라 다른 사람과의 연결고리에서 멀어져서 더욱 고독하게 되는 악순환에 빠져버립니다.

외로운 감정을 쌓는 것은 긍정적인 감정도 동시에 잃어버리는 것입니다. 그러면 무엇을 해도 마음 깊이 만족하지 못하고, 사람들이 친절하게 대해줘도 감사하는 마음이 생기지 않습니다. 무엇을 해도 즐겁지 않고 환희도, 만족도 없습니다. 그렇게 긍정적인 감정을 느끼지 못하는 인생은 사막처럼 척박한 것이 되어버립니다.

우리는 외롭거나 슬프거나 괴로운 감정에 빠지면 필사적
으로 봉인하지만, 그런 부정적인 기분에 빠지는 것도 자기
의 일부이기에 도망치거나 절망할 필요가 없습니다.

그런 부정적인 감정이 있기 때문에 스스로를 돌아보며 거
기서부터 벗어나려는 강한 동기를 만들 수 있고, 발전하는
나로 만들기 위해 노력할 수 있는 것입니다.

이제 외로운 감정을 털어내기 위해 외부의 힘을 빌리기보
다는 자신의 마음과 당당히 마주해야 합니다. 회피하지 말
고 맞서면 외로움은 슬그머니 자취를 감출 것입니다.

다른 한편으로는 긍정적인 감정의 감도를 길러야 합니
다. 타인과의 감정 나눔, 예술과의 교류, 자연과의 교감 같
은 행위를 통해 새로운 나로 다시 태어나야 합니다. 이 책을
통해 착한 이기주의자로 다시 태어나는 당신이 되기를 기
대합니다.

옮긴이 **이정은**

고려대학교를 졸업하고 일본 히토쓰바시대학(一橋大學) 대학원에서 석사학위와 '한일 근대의 인쇄 매체를 통해 나타난 근대여성 연구'라는 주제로 박사학위를 받았다. 현재 일본에서 대학강사로 활동하고 있다. 번역서로 《만만하게 보이지 않는 대화법》, 《도망치고 싶을 때 읽는 책》, 《자기 자신을 좋아하게 되는 연습》, 《살아남는다는 것에 대하여》 등이 있다.

심리학은 마음이 시키는 대로 살라고 한다

신개정판 1쇄 인쇄일 2021년 05월 24일
신개정판 1쇄 발행일 2021년 06월 01일

지은이	이시하라 가즈코
옮긴이	이정은
발행인	이지연
주간	이미숙
책임편집	정윤정
책임디자인	이경진 권지은
책임마케팅	이운섭 신우섭
경영지원	이지연

발행처	㈜홍익출판미디어그룹
출판등록번호	제 2020-000332 호
출판등록	2020년 12월 07일
주소	서울시 마포구 독막로18길 12, 2층(상수동)
대표전화	02-323-0421
팩스	02-337-0569
메일	editor@hongikbooks.com

ISBN   979-11-9142-018-0 (03180)

※ 이 책은 《외롭지 않다는 거짓말》의 신개정판입니다.